相鉄新横浜線の開業により、7社局14路線を結ぶ広域鉄道ネットワークが形成された。
2022年3月31日　東急電鉄元住吉検車区　写真／河野孝司　撮影協力／相模鉄道、東急電鉄

羽沢横浜国大駅を西谷方面へ出発。21000系は東急線直通用に登場した車両だ。

Contents

第1章　相鉄グループの企業がわかる

第2章　相模鉄道の路線がわかる

第3章　相模鉄道の駅がわかる

※本書の内容は2023年10月15日現在のものです。
※本書の内容等について、相鉄ホールディングス(株)、相模鉄道(株)、およびグループ会社等へのお問い合わせはご遠慮ください。

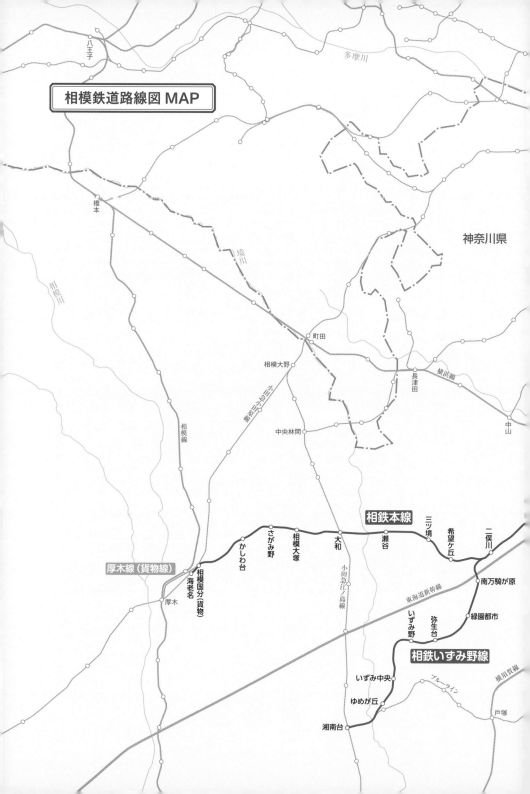

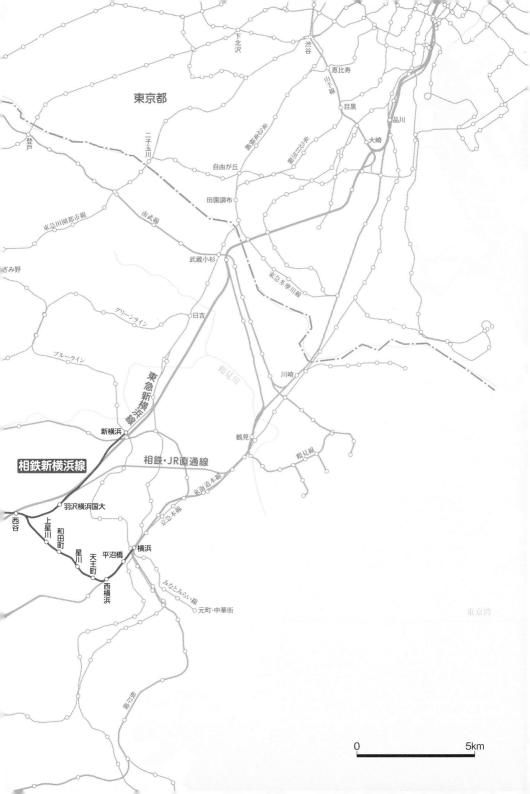

横浜の海をイメージして、車両は濃紺の「YOKOHAMA NAVYBLUE（ヨコハマネイビーブルー）」が採用された。

次の100年を目指して、横浜へ、都心へ

　横浜を起点に、横浜市西部と神奈川県央部をエリアとする相模鉄道は、2017年に創立100周年を迎えた。営業キロ数では大手私鉄の中で最も短いが、沿線開発を積極的に進め、横浜駅西口を今日のようなにぎわいのある街につくり上げて、鉄道の利用者を増やし、沿線地域の発展を支えてきた。

　2023年に相鉄新横浜線が全線開業し、念願の相互直通運転を果たした。2019年のJR線との直通運転開業前は、新宿や渋谷への乗り入れがなかったが、同線の開業により相鉄の車両を都心でも見る機会が増えている。また、都心と直結したことで、相鉄線沿線の発展も次の段階へ足を踏み入れた。

CHAPTER 1 第1章

相鉄グループの

企業がわかる

相鉄ホールディングス（相鉄 HD）を純粋持株会社とする相鉄グループは、鉄道事業者の相模鉄道を中核に、運輸業・流通業・不動産業・ホテル業、その他の事業の計 35 社を擁する企業集団である。生活に密着したサービス、幅広いニーズをとらえたサービスを提供し、地域社会の発展に貢献している。

横浜を起点に神奈川県央部に延びる大手私鉄、相模鉄道

港町、横浜をターミナル駅とする相模鉄道は、相鉄本線、相鉄いずみ野線、相鉄新横浜線の旅客線、厚木線の貨物線を擁し、横浜市西部、神奈川県央部をエリアとする。横浜への移動利用がメインであったが、東京都心への直通が実現したことで利便性が高まり、沿線価値の向上が期待されている。

都心直通で利便性が高まった相鉄線沿線

　相模鉄道は相鉄本線横浜〜海老名間24.6km、相鉄いずみ野線二俣川〜湘南台間11.3km、相鉄新横浜線西谷〜新横浜間6.3kmと、貨物線の厚木線相模国分〜厚木間2.2kmで鉄道事業を営む。厚木線を含む総延長44.4kmは、大手私鉄16社の中で最も短い。全線が神奈川県内にあり、厚木線を除き全区間が複線であるが、複々線区間はない。沿線は宅地が広がり、通勤・通学輸送が主力である。

　ルーツは1917年に創立した相模鉄道と神中鉄道で、相模鉄道が現在のJR相模線を、神中鉄道が相鉄本線を開業した。1943年4月に相模鉄道が神中鉄道を吸収合併する形で新生・相模鉄道が成立したが、44年6月に相模線茅ケ崎〜橋本間、寒川〜四之宮間は国有化され、神中鉄道が開業した路線が相模鉄道の路線として残り、戦後を迎えた。

　しばらくは横浜〜海老名・厚木間を運行していたが、1976年4月に相鉄いずみ野線二俣川〜いずみ野間が開業し、横浜駅への直通運転を開始した。相鉄いずみ野線は1990年にいずみ野〜いずみ中央間、99年にいずみ中央〜湘南台間が開業した。

　そして念願の東京都心への相互直通運転が、2019年11月の相鉄・JR直通線、23年

相鉄オリジナルの8000系と、JR東日本E231系ベースの10000系がすれ違う。

3月の相鉄・東急直通線開業により実現した。なお、新規開業区間は西谷〜新横浜間が相鉄新横浜線、新横浜〜日吉間が東急新横浜線と命名されている。これにより横浜市西部・神奈川県央部から東京都心へは、横浜駅からJR東海道本線に乗り換えるルートと、相鉄新横浜線ルートの、2チャンネルを持つこととなり、利便性が飛躍的に高まった。

デザインブランドアッププロジェクトに取り組む

　相鉄は、長年、他路線との相互直通運転を行っていなかったが、相鉄新横浜線の全線開業にともない、JR東日本・東急電鉄・東京メトロ・東京都交通局（都営地下鉄）・埼玉高速鉄道・東武鉄道へ直通する。相鉄線へは東急とJR東日本の車両が乗り入れてくる。

　相鉄はブランドイメージや認知度の向上を図るため、さまざまなプロジェクトに取り組んでいるが、中でも創立100周年と都心直通を契機とする「デザインブランドアッププロジェクト」は、利用者に認知されやすい。横浜の街が刻んできた歴史をイメージした濃紺色の「YOKOHAMA NAVYBLUE」にリニューアルしたことは、最もわかりやすい取り組みのひとつだろう。

　さらに魅力ある沿線の創造として、星川〜天王町間の高架化と、高架下の開発計画、横浜駅きた西口鶴屋地区第一種市街地再開発事業、泉ゆめが丘地区土地区画整理事業など、沿線価値を向上させるためのプロジェクトに取り組んでいる。

デザインブランドアッププロジェクトにともない、新しい車体カラーが採用された。

悲願の都心直通を果たした相鉄。YOKOHAMA NAVYBLUEの車両が渋谷付近を快走する。

用語解説

複々線
［ふくふくせん］

1つの路盤上に4線が並ぶ路線のこと。下り・下り・上り・上りと配置するタイプを「方向別複々線」（例：JR西日本東海道・山陽本線草津〜新長田間）、下り・上り・下り・上りと配置するものを「線路別複々線」（例：JR東日本中央線御茶ノ水〜三鷹間）と呼ぶ。

SOTETSU 02

相鉄グループ長期ビジョン Vision2030

相鉄ホールディングスを持株会社とする相鉄グループは、運輸業、流通業、不動産業、ホテル業、その他の事業で展開する35社の企業集団である。"Vision2030"はグループの理念とサスティナビリティ方針を踏まえて　2022年度から10年間における経営方針や重点戦略を示した。

10年間における経営方針や重点戦略を示す"Vision2030"

"Vision2030"では「選ばれる沿線の創造」「事業領域の拡大」のバランスの取れた深耕、ニューノーマルへの移行を前提とした「構造改革の断行」「稼ぐ力の強化」に取り組んでいくとしている。またグループ会社間の連携促進および外部との連携強化による「グループ総合力の最大化」、そして「サスティナビリティの追求」による、長期的な企業経営の維持および持続的な社会の実現への貢献を掲げ、これらをグループの経営方針とした。

そして基本理念をもとに、「選ばれる沿線の創造」「事業領域の拡大」「盤石な事業基盤の構築」を相互に関係しながら進めていき、これらを基盤に将来的には沿線外や海外への展開と、そこで得たノウハウの還元を図っていくとしている。

■相鉄グループの理念・計画体系

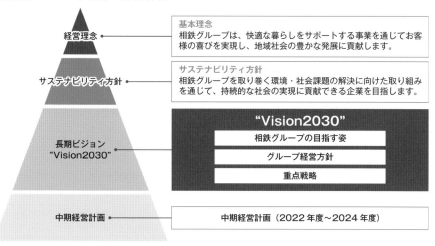

キーコンセプトは"With"

相鉄グループの経営方針や目指す姿をわかりやすく伝えるため、"Vision2030"のキーコンセプト（基本姿勢）として"With"を掲げた。

「社会環境の変化・課題に向き合う」「お客さまや沿線住民に寄り添う、**ステークホルダー**と共に高め合う」「お客さまや沿線住民の多様な価値をつなげる」を実践することで、相鉄グループのさらなる企業価値向上を追求していくとしている。

相鉄グループが主体となって開発した緑園都市の街並み。不動産は収益の柱に位置づけられている。

重点戦略は6点あり、①既存事業における「構造改革の断行」と新たな「稼ぐ力の強化」、②収益の柱としての「不動産事業の抜本的な強化」、③「選ばれる沿線」の創造、④沿線外・海外への展開拡充と、新たな事業領域への拡大、⑤グループベースでの人財／DX／組織・経営管理の整備・強化、⑥ESG／SDGsへの取り組み強化、を推進するとしている。

財務目標は最終年度である2030年度に向けて、早期にコロナ禍前の水準に回復させるとともに、安定的に連結営業利益300億円台を確保できる状況を目指し、財政の健全性を確保して企業価値向上を目指すとしている。

■財務目標

	2018年度	2030年度（目標）
連結営業利益	316億円	370億円程度
EBITDA	494億円	620億円程度
有利子負債／EBITDA倍率	6.5倍	7倍未満
ROA	5.2%	4.5%
自己資本比率	24.2%	20%台後半

用語解説 ステークホルダー

株主・経営者・従業員・顧客・取引先ほか、金融機関・行政機関・各種団体など、企業のあらゆる利害関係者を指す。利益でも損失でも、何らかの営業を企業におよぼ存在であればステークホルダーであり、その利害は一致しない。企業はステークホルダーとよい関係を築くことが大切である。

住みやすく、子育てしやすい沿線になるために

開業時の相鉄本線は、田園の中を蒸気機関車牽引の列車がのんびり走る路線だった。そこから約100年が経過する間、相鉄の夢は沿線の暮らしを豊かにしたいというもので、その夢を抱きながら営んできた。都心直通運転が始まり、相鉄グループが取り組むことはまだたくさんある。

相鉄グループが主体となって開発した緑園都市。自然が調和した街をつくり、住みやすい環境を整えている。

住みやすい沿線のいちばんになりたい

東京近郊にありながら相鉄線沿線は意外なほど自然が豊かである。相鉄新横浜線の開業により、都心からの通勤事情がよくなり、自然環境のよい沿線として注目されてきている。これを受けて相鉄グループは、都市と自然をつなぐ「住みやすい沿線」として一番に選ばれる会社になるための取り組みを進めている。

鉄道に関しては、相鉄グループのブランドアップを目的に、鉄道車両や職員の制服をリニューアルする「デザインブランドアッププロジェクト」がある。近年、

座面の幅66.6cmのベンチは、小さな子どもと一緒に座ることができるよう設計された。

相鉄の駅のベンチが座面の横幅66.6cmのものに交換されているが、これもそのひとつで、小さな子どもと並んで座ることができ、子育て中の方も安心して使える。それだけでなく、隣の席とのスペースが十分に確保されているので、一人ひとりがゆったりと座ることができるよう配慮されている。

子育てしやすい沿線に向けて

　沿線の暮らしをいっそう豊かにするために取り組むことがたくさんあるが、相鉄グループが力を入れている子育て環境の充実や安心できる街づくりはその一例である。

　街づくりについては、いずみ野線南万騎が原駅周辺を街の活動拠点にするために立ち上げられた「南万騎が原みなまきみらいプロジェクト」があげられる。これは駅と街の間にあって街を分断していた約4mの高低差を利用し、階段状の広場「みなまき みんなのひろば」を整備し、駅前商業施設内にエリアマネジメント拠点「みなまきラボ」を開設した。これらの活動が評価され、「みなまきみらいプロジェクト」は2016年度グッドデザイン賞を受賞した。

　南万騎が原地区については、「南万騎が原地区リノベーションプロジェクト」が推進中。入居者の特性に配慮した住まいの整備、介護・医療施設、日常生活を支える商業施設、サービスなど、住みやすい環境が整っており、世代間や地域の交流に配慮した機能・整備が備わっていることなどが評価され、2017年に横浜市が進める「よこはま多世代・地域交流型住宅認定制度」の第1号に認定された。

　また、親子で楽しめるイベントとして、2017年から横浜市旭区のこども自然公園で「**ヨコハマネイチャーウィーク**」を開催するなど、その活動は多彩だ。

「みなまきみらいプロジェクト」によって整備された階段状の「みなまき みんなのひろば」は、南万騎が原駅前にある。

用語解説　**ヨコハマ ネイチャー ウィーク**

「子どもと楽しむ大人の自然」をテーマに、2017年から実施。2018・19年と行われたが、新型コロナウイルス禍で一時休止され、2023年5月19〜21日、4年ぶりに開催された。こども自然公園を舞台にワークショップ、ライブイベント、フードマーケットなど催しは多彩。

路線の価値を高めるための
魅力ある沿線の創造

相鉄は都心部等への相互直通運転を契機として、沿線価値を向上させるために、魅力ある沿線の創造に取り組んでいる。これまでに相鉄いずみ野線駅前街区のリノベーションや二俣川駅南口の再開発を行ってきたが、このあとに続く未来への取り組みを見ていきたい。

連続立体交差事業で踏切を除却

　地平を走る鉄道には、踏切がつきものであるが、安全性を念頭に置けば除却したいものだ。街づくりの面からすれば、鉄道が街の交流を分断しているとの意見もあり、遮断機が長時間降りると渋滞が発生する原因にもなっている。

　2002年9月に始まった相鉄本線星川〜天王町間約1.9kmの連続立体交差事業は横浜市の都市計画の一環として行われ、2017年3月に下り線が、翌18年11月に上り線が高架化された。これにより事業区間9カ所の踏切のうち7カ所を立体化、2カ所を廃止することができ、地域交通の円滑化、地域の一体化による生活環境の向上、踏切事故の解消が図られた。また、高架化と同時に星川駅の駅前広場や地区幹線道路などの整備が進められた。2022年3月には関連道路が開通し、一連の連続立体交差事業が完了している。創出された高架下は相鉄グループにより、スーパーマーケットや飲食店、カフェ、コワーキングスペースなど12店舗が出店する「星天qlay」が2023年2月にオープンした。

　引き続き西谷〜二俣川間の約2.8kmを、鶴ケ峰駅を含めて地下化することに

星川〜天王町間の高架下は、スーパーマーケット、ドラッグストアなどが入居するほか、レンタサイクルなどさまざまな用途に活用されている。

より立体交差化する都市計画事業が進んでいる。これにより10カ所の踏切が除却され、慢性的な交通渋滞や災害時等における緊急活動の円滑化、分断された街の一体化、踏切事故解消による運転保安度の向上が期待される。

横浜駅西口の一角に高層複合ビルを建設

　戦後すぐまでは荒れ地だった横浜駅西口は、相鉄グループが現在のような繁華街に育てたと言っても過言ではない。そうした中で、産業の国際競争力の強化、および経済活動の拠点の形成に向けて、2014年10月に「東京圏国家戦略特別区域計画」に認定された横浜市神奈川区鶴屋町において、「横浜駅きた西口鶴屋地区第一種市街地再開発事業」が計画された。これにより、権利者として参画する相鉄アーバンクリエイツが事務局業務を受託し事業推進を担っている。

建設中の「THE YOKOHAMA FRONT」。地上43階、高さ約178mの超高層ビルは、横浜駅周辺の魅力をさらに向上させる。

　当事業では横浜駅とペデストリアンデッキで直結する高さ178mの超高層ビルとして大規模な複合開発を行うというもの。施設名称は「THE YOKOHAMA FRONT／ザ ヨコハマ フロント」で、グローバルスカイコモンズ、レジデンス、ホテル、中期滞在型サービスアパートメント、さらに商業施設などを整備する。事業完了は2025年度を目標とする。

　相鉄いずみ野線沿線では土地区画整理手法により、ゆめが丘駅周辺の約23万㎡開発地区に大規模な集客施設、約700戸の集合住宅を建設する「泉ゆめが丘地区土地区画整理事業」を進めている。こちらの事業完成予定は2024年度である。

用語解説

鶴ケ峰駅
［つるがみねえき］

1930年10月に開業した相鉄本線の駅。62年に橋上駅舎に建て替えられた。1999年に快速の停車駅となり、2019年の相鉄・JR直通線開業にともなうダイヤ改正で、通勤特急・通勤急行の停車駅となった。2021年度の1日平均乗降人員は47,661人で、第5位。

長年にわたる相鉄の悲願実現
都心直通プロジェクト

関東大手私鉄で唯一、東京にターミナルを持たない相鉄は、東京都心への直通が悲願であり、相鉄新横浜線の開業は、その望みをかなえることとなった。デザインブランドアッププロジェクトなどを通じて、直通事業は次の100年に向けて相鉄が大きく飛躍するきっかけをつくった。

相鉄新横浜線・東急新横浜線開業を祝い、直通列車にはヘッドマークとキャラクターをラッピングした編成が運用された。

新法制定と直通運転構想

　2005年に都市鉄道等利便増進法が公布された。相鉄は同法の対象事業として、鉄道建設・運輸施設整備支援機構(鉄道・運輸機構)、東急電鉄とともに「相鉄・JR直通線」「相鉄・東急直通線」の相互直通運転構想(鉄道路線計画名は「神奈川東部方面線」)を国土交通省に申請し、翌06年に認定を受けた。直通線の建設は、関東大手私鉄の中で唯一、東京都心に乗り入れていない相鉄にとっては念願であり、横浜市西部、神奈川県央部からの利便性を向上させるものだった。

　もともとは2000年の運輸政策審議会(現・交通政策審議会)答申第18号に基づく路線で、都市鉄道等利便増進法の速達性向上計画により整備が進められた。相鉄・JR直通線は西谷駅からJR東海道貨物線横浜羽沢駅付近に約2.7kmの連絡線を新設し、相鉄とJR東日本が相互直通運転を行うもの。相鉄・東急直通線は横浜羽沢

主な区間の所要時間(最速)

海老名〜新横浜	25分	湘南台〜新横浜	23分
海老名〜目黒	53分	湘南台〜渋谷	51分
海老名〜永田町	66分	湘南台〜新宿三丁目	59分
海老名〜大手町	70分	湘南台〜池袋	68分

駅付近から分岐し、新横浜駅を経由し、東急東横線・目黒線日吉駅へ至る約10.0kmの連絡線を新設し、相鉄と東急電鉄が相互直通運転を行うもの。鉄道・運輸機構が鉄道施設を建設・保有し、相鉄・東急が営業を行う。

　横浜羽沢駅付近はそれまで旅客鉄道がない"鉄道空白地帯"であった。また、東海道新幹線が接続する新横浜駅と相鉄線沿線との連絡は、従来は横浜などを経由しなければならず、所要時間の大幅な短縮が見込まれた。

相鉄線沿線から乗り換えなしで行ける路線が増大

　国土交通省は、2006年に相鉄・JR直通線の、翌07年に相鉄・東急直通線の速達性向上計画を認定し、10年に相鉄・JR直通線の起工式が行われた。工事が進む中、18年に西谷〜新横浜間の路線名が「相鉄新横浜線」、新横浜〜日吉間が「東急新横浜線」と発表され、翌19年11月30日に相鉄・JR直通線が開業、相鉄とJR東日本の相互直通運転が始まった。同時に横浜羽沢駅付近に羽沢横浜国大駅が開業した。2023年3月18日には相鉄・東急新横浜線羽沢横浜国大〜日吉間が開業、相鉄・東急電鉄・東京メトロ・東京都交通局（都営地下鉄）・埼玉高速鉄道・東武鉄道への直通運転が始まった。

　相鉄新横浜線の開業に伴うダイヤ改正で、海老名方面からはJR線・東急目黒線、東京メトロ南北線、埼玉高速鉄道埼玉スタジアム線、都営三田線、湘南台方面からは東急東横線・東京メトロ副都心線・東武東上線へ直通列車が設定（朝夕時間帯は、一部異なる直通列車もあり）された。相鉄線内の列車種別は、特急・快速・各停の3種別に、平日朝ラッシュ時の上りのみ通勤特急・通勤急行が加わる5種別となった。また、横浜〜西谷間に区間運転の各停を新設し、海老名・湘南台方面から横浜方面へは西谷駅で乗り換えることで目的地に早く到着できるよう、配慮された。

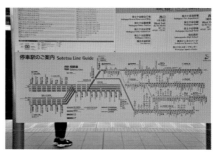

相鉄線の路線図は表示される路線・駅数が大幅に増えて、直通運転の効果を実感できる。

用語解説	都市鉄道等利便増進法 ［としてつどうとうりべんぞうしんほう］	都市鉄道の既存のストックを有効活用して行う、速達性の向上及び駅施設の利用円滑化を対象とした、新たな鉄道整備手法を定めたもの。鉄道利用者の利便を増進し、活力ある都市生活及びゆとりのある都市生活の実現に寄与することを目的としている。この制度では整備主体と営業主体を分離する、いわゆる「上下分離方式」が採用されている。

ブランドイメージと認知度向上を図る
デザインブランドアッププロジェクト

相鉄は2017年12月に創立100周年を迎えた。23年には相鉄新横浜線が全通し、都心に乗り入れた。「これまでの100年を礎に、これからの100年を創る」を理念に、相鉄グループのブランドイメージと認知度向上を図る「デザインブランドアッププロジェクト」が進められている。

デザインコンセプトは「安全×安心×エレガント」

　2010年3月に西谷〜羽沢横浜国大間の起工式が挙行され、新線工事が始まった。相鉄はこれとともに直通列車用の新型車両を製造することとなり、2012年に新車について考える社内プロジェクトが発足した。これが発展して翌13年に「デザインブランドアッププロジェクト」が始まった。

　創立100周年を踏まえるとともに都心への相互直通運転を見据え、相鉄の認知度や好感度の向上を目的とするもので、「これまでの100年を礎に、これからの100年をつくる＝Thinking of the next century.」の理念のもと、「安全×安心×エレガント」をデザインコンセプトとした。デザインの総合監修は水野　学氏、エグゼクティブクリエイティブディレクターに洪　恒夫氏を招き、車両だけでなく制服、駅なども含めた総合的なデザインリニューアルとした。

　プロジェクトは相鉄社員も交えて月2回の打ち合わせを行い、鉄道事業は歴史のあるもので、流行廃りでコロコロ変えるものではないとの共通認識ができ、横

かしわ台駅近接の車両センターで憩う車両。奥に止まっている9000系も、順次 YOKOHAMA NAVYBLUE に塗り替えられた。

浜らしく地域に根ざした100年の歴史に見合い、今後100年間は古びない、普遍性のあるデザインを取り入れた。そして最も人目に触れる車両が最も重要な「広告塔」と位置付け、横浜の海を連想させる濃紺色を車体カラーに採用することとなった。

シンボルカラー「YOKOHAMA NAVYBLUE」

車体カラーを決めるにあたり、廃車体に塗装して太陽光の下で比較検討する機会を設けた。そこにはプロジェクトメンバーだけでなく、社長も参加したという。こうした経緯で決まった濃紺色は「ＹＯＫＯＨＡＭＡ ＮＡＶＹＢＬＵＥ」と名付けられ、シンボルカラーとなった。

「YOKOHAMA NAVYBLUE」は、まず2016年に9000系リニューアル車に施され、既存車もリニューアルごとにこのカラーに変わっていった。都心直通車両として製造された12000系・20000系・21000系は、登場当初からこのカラーをまとっている。

デザインブランドアッププロジェクトは相鉄線の駅舎、相模鉄道・相鉄バスの制服にも及んでいる。駅舎は、その駅の世界観を創出し、鉄道発祥の地である横浜のアイデンティティを醸し出す素材として、レンガ・鉄・ガラスをキーマテリアルに設定した。また、駅は全体をグレートーンでまとめることで、キーマテリアルで示された重要なサインなどの情報を目立たせた。

制服は現場職員に広くアンケートをとり、横浜をイメージした濃紺色の生地を採用した。制服が持つ威厳・尊厳・安全などの要素を加え、「私たちがつくった」との誇りが持てる制服ができたとしている。

相鉄いずみ野線 いずみ野駅はデザインブランドアッププロジェクトに基づいて駅舎がリニューアルされた。写真提供／相鉄グループ

相模鉄道と相鉄バスの制服は、2016年11月にリニューアルされた。生地は軽量でストレッチ性に優れた素材を使用した。写真提供／相鉄グループ

用語解説	水野 学 [みずのまなぶ]	クリエイティブディレクター、クリエイティブコンサルタント、good design company代表。ゼロからのブランドづくりをはじめ、ロゴ制作、商品企画、パッケージデザイン、インテリアデザイン、コンサルティングまでをトータルに手がける。熊本県のキャラクター「くまモン」の企画発案、キャラクタ デザインを手がけた。

未来への取り組みをこれからも続ける 相鉄グループの企業

運輸業から始まった相模鉄道は創立以来、鉄道業と並行して横浜駅周辺および沿線地域の積極的な開発、快適な暮らしをサポートするサービスを提供し、業績を伸ばしてきた。現在は相鉄ホールディングス（相鉄HD）を中心とする企業グループを構成している。

グループ企業は35社を数える

　相鉄グループは、相鉄HDを持株会社とする35社（営業休止中の会社を除く）で構成される企業集団で、「運輸業」「流通業」「不動産業」「ホテル業」「その他」の5つのセグメントで事業展開をしている。グループの従業員数は10,094人（2023年3月31日現在、臨時雇用を含む）、2022年度のグループ営業収益は2,496億6,700万円を計上する。

　内訳は、運輸業が鉄道とバス、流通業がスーパーマーケット、コンビニエンスストア、駅の売店など、不動産業が分譲・賃貸住宅、中古マンション買い取り再生販売、不動産の賃貸管理、ショッピングセンターの経営、土地区画整理事業・都市再開発事業の業務委託など、ホテル業がフルサービスホテル・宿泊特化型ホテルの経営など、そして上記に分類されないその他はビルメンテナンス、地域の冷暖房供給、保険サービスなどの分野になる。

　事業別営業収益割合では、最も多いのが流通業、次いで不動産業、ホテル業、運輸業、その他の順である。

　グループで最も歴史が長いのが運輸業である。相模鉄道と相鉄バスがあり、2022年度のセグメント別業績では、約350億8,800万円を計上する。

　流通業はスーパーマーケットの「そうてつローゼン」（会社名は相鉄ローゼン）、生鮮売り場を担当する相鉄ローゼンフレッシュフーズ、ベーカリーショップの葉山ボンジュール、コンビニエンススト

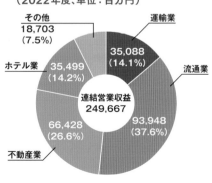

■事業別営業収益割合
（2022年度、単位：百万円）

その他
18,703
（7.5%）

運輸業
35,088
（14.1%）

ホテル業
35,499
（14.2%）

流通業
93,948
（37.6%）

連結営業収益
249,667

不動産業
66,428
（26.6%）

※セグメント間の内部営業収益消去後の金額

アの相鉄ステーションリテールが
ある。2022年度の業績は約939
億4,800万円である。

相鉄本社ビルは1988年に完成。鉄
筋コンクリート造り、地上10階、
地下1階建て。現在の横浜ベイシェ
ラトン ホテル＆タワーズが建つ場
所から、相模鉄道本社ビルなどが
移転した。

高度経済成長期に多角経営を志向

　不動産業は分譲・賃貸、住宅を開発する相鉄不動産、中古マンション買い取り
再生事業・不動産仲介の相鉄不動産販売、ショッピングセンターを経営する相鉄
ビルマネジメント、土地区画整理や再開発事業を担う相鉄アーバンクリエイツな
どがあり、2022年度は664億2,800万円を計上した。

　ホテル業は横浜駅西口でフルサービスホテルを運営する相鉄ホテル、全国で宿
泊特化型ホテルを展開する相鉄ホテルマネジメントなどがあり、2022年度は
354億9,900万円を計上した。

　その他は、相鉄企業、第一相美、
横浜熱供給、相鉄保険サービスなど、
前記4セグメントの範疇にないもの
がまとめられている。2022年度は
187億300万円。

　これらグループの企業の力で、生
活に密着したサービス、お客さまの
ニーズをとらえた裾野の広いサービ
スを提供し、地域社会の発展に貢献
していく。

二俣川駅に隣接する駅ビル「COPRE二俣川」は相鉄グループ
が保有する不動産で、商業棟にはJOINUS TERRACE（ジョ
イナステラス）二俣川、そうてつローゼンが入居する。

用語解説

持株会社
[もちかぶがいしゃ]

他社の株式を保有するが投資目的ではなく、株を保有した
会社の具体的な事業を行わず自社の管理下に置いて、実質
的に支配することを目的に設立された会社。実態に応じた
労働条件を確立できる、リスク回避が可能、社風が異なる
会社を統制できるなどのメリットがある。

横浜市西部と神奈川県央部をエリアとするバス業

相鉄グループの運輸業は、鉄道とバスがある。鉄道はグループの始祖である相模鉄道、バスは路線バスと高速バスを運営する相鉄バスが所属する。鉄道については12〜13ページで解説しているので、ここでは相模鉄道から分社した相鉄バスについて取り上げる。

相模大塚駅南口に停車する相鉄バス。日中は1時間あたり1〜4本が設定されている。

相鉄のバス事業の歴史

相模鉄道は戦前の1935年に神奈川県北部で、新たに乗合自動車業を始めた。現在の路線バスである。しかし、第二次世界大戦中の陸上交通事業調整法の適用によって、1944年に東海道乗合自動車（現・神奈川中央交通）に営業権を譲渡し、乗合バス（路線バス）業は一時中断した。

1949年ごろになると、相鉄線沿線の開発が進み居住者が増えたことから、バスの運行を望む声が高まった。翌50年に二俣川営業所を新設し、車両数3両で二俣川〜保土ケ谷間で路線バスの営業を再開した。その後、路線の拡張、車両の増備などを進める、1952年には貸切バス業も開始した。また、1954年には東京進出が認可され、神奈川県と東京都に分かれて貸切バスを運行するようになった。

昭和30年代は乗合バス業が進展し、横浜駅西口が整備されるに従い、同所を起点に放射状の系統路線が整備されるなど、バス路線網が拡張していった。1963年からはワンマンバスの運行が始まっている。

しかし昭和40年代に入ると

相鉄バスのデータ（2023年3月31日現在）

車両数（台）	輸送人員（千人）	走行キロ（千km）	認可キロ（km）
291	28,802	7,080	270.6

※高速バス、貸切バス、特定バスを除く。

マイカーが普及し、道路事情が悪化するにつれて路線バスの機能低下を招いた。相鉄は系統の整理をはじめ、鶴ヶ峰バスターミナルの新設、さらに1970年には貸切バスに「走る応接間」と呼ばれたサロンカーを導入するなど、経営健全化に向けてさまざまな企業努力を行った。

地域のコミュニティバスも受託

相鉄は1989年に初めて高速バスに参入するなど、新規事業を積極的に進める一方で、赤字路線の改廃、経営環境が厳しかった貸切バスを相鉄自動車へ移管するなど、事業の選択と集中を行った。

持株会社体制の開始にともない、相鉄のバス事業は2001年から相鉄バスへ徐々に移管され、09年には相鉄自動車から中距離高速バスが移管された。

2023年3月31日現在、横浜市内と神奈川県央部を中心に128系統の路線バス、さらに海老名市・綾瀬市のコミュニティバス、大和市の地域乗合交通「のりあい」の運行を受託している。高速バスは二俣川〜羽田空港間、海老名〜羽田空港間、横浜駅西口〜富士急ハイランド・河口湖駅間、横浜駅西口〜軽井沢・草津温泉間、海老名・綾瀬市役所〜御殿場プレミアム・アウトレット間を結ぶ「ハイウェイクルーザー」の5路線を運行している。

なお、タクシー・ハイヤーについては1961年に開始したが、2012年に相鉄自動車の株式を日本交通と日交データサービスに譲渡し、相鉄グループはタクシー・ハイヤー業から撤退した。

カラーリングは、2008年に制定された相鉄グループカラー（左）を採用しているが、1977年から採用された先代の濃淡緑のツートンカラー（右）の車両も残っている。

用語解説　のりあい

大和市西鶴間・上草柳の9自治会が主体となって組織する「地域と市の協働"のりあい"」が、10人乗りのワゴン車を使い、地域と駅や商業施設を結ぶ。2010年から本格運行を開始し、ボランティアで運行管理をしていたが、運転手の高齢化など、地域住民だけでは解決できない課題が浮き彫りになり、18年から相鉄バスに運行業務を移管した。

沿線に人気のスーパーマーケットや ベーカリー　流通業

スーパーマーケット、駅売店、コンビニエンスストアなどがカテゴリーに入る流通業は、相鉄グループのセグメント別では営業収益が最も高い事業である。近年は駅売店改革の一環として、カプセルトイの販売機、冷凍やチルドの状態で商品を販売する自動販売機を設置する。

創業60周年を越えた「そうてつローゼン」

　相鉄グループの流通業の中心に位置づけられるのは、スーパーマーケット「そうてつローゼン」（運営は相鉄ローゼン）である。前身の相鉄興業から数えて、2022年に創業60周年を迎えたそうてつローゼンは、神奈川県下ナンバーワンのスーパーマーケットを目指して、地域の特性にあわせた店舗展開を進める。神奈川県内を中心に51店舗を構え、1日の来客数は約13万人を数える。

　新規出店も続けているが、計画的に既存店のリニューアルも進めている。綾瀬市や海老名市の一部地域では、冷蔵機能付き車両に生活必需品約400品目を積載し巡回する移動スーパー「ローゼンGO」を実施している。

　また、そうてつローゼンで使用できるポイントカード「ウェルカムカード」の発行や、2022年3月からは「そうてつローゼンアプリ」を無料配信するほか、バーコード決済、電子マネーの導入などを通じて、便利で快適なショッピングを楽しんでもらえるよう取り組んでいる。

　そうてつローゼン店内での生鮮3部門（精肉・鮮魚・惣菜）の売り場は、相鉄ローゼンの100％子会社である相鉄ローゼンフレッシュフーズが担当している。また、出来たてのパンを提供する「葉山ボンジュール」は、そうてつ

緑園都市駅前の相鉄緑園都市共同ビルには、ショッピングセンターの相鉄ライフとスーパーマーケットのそうてつローゼンが同居する。

ローゼン店内や横浜駅構内、相鉄ライフさがみ野内で17店舗を展開。中でも相鉄ライフさがみ野店では、イートインスペースを併設し、美味しいパンとともにくつろぎのスペースを提供する。

カプセルトイの販売機や冷食の自販機も

　相鉄ステーションリテールは、主に駅やその周辺で小売業を展開する。駅売店「ステーションist」は横浜駅に3店、鶴ケ峰・三ツ境・瀬谷・大和・さがみ野の各駅に1店ずつ（海老名駅売店は、駅舎改良工事に伴い一時休業）で、コンビニエンスストア的な役割を果たしている。また、大手コンビニ「ファミリーマート」をフランチャイズし、相鉄線の駅構内に13店、神奈川県内に6店、東京都心部に12店を出店する。

　ウィズコロナを見据えたライフスタイルに柔軟に適応できる自動販売機を集めた専門店「時遊商店 by IST」も、同社のブランドである。上星川・三ツ境・瀬谷の3駅に展開し、おなじみの清涼飲料水だけでなく、チルド食品（瀬谷駅のみ）・冷凍食品の自動販売機も置かれている。さらに横浜駅1階改札内には、100台を越える**カプセルトイ**の販売機を設置した「ガチャの駅 by LaLaLa IST」がある。カプセルトイは鉄道系からファッション系・トレンド系まで、さまざまな商品が用意されている。

ステーションistが展開する自動販売機だけの店舗「時遊商店」。清涼飲料水だけでなく、専門店の味が再現できる冷凍ラーメンなどが、期間限定で販売されている。

横浜駅改札内の1階コンコースには、カプセルトイだけ設置したコーナーがある。ほかの駅ではあまり見かけない光景だ。

用語解説　カプセルトイ

小型の自動販売機の一種で、硬貨を入れて回転式レバーを回すと、カプセル入りの玩具などが出てくる。「ガチャガチャ」「ガチャポン」などの呼び方もある。デパートやスーパーマーケット、家電量販店だけでなく、観光地に設置されている例もある。

SOTETSU 10

人々が笑顔で暮らせる街を育む 相鉄グループの不動産業

私鉄経営と沿線開発は切っても切れない間柄である。宅地をつくり、定住を促すことは、鉄道のさらなる発展につながるからだ。相鉄グループの不動産業は、沿線開発と横浜駅西口の開発が挙げられる。現在のような横浜駅西口のにぎわいは、相鉄が作り上げたものだ。

神奈川県を中心に新たな街をつくる

　相鉄グループの不動産業は、子育て世代から高齢者まで幅広い世代が安心して生活できる沿線を目指している。相鉄アーバンクリエイツは商業施設や文化施設、生活利便施設、道路・公園などを総合的にとらえた街づくりを展開する企業で、これまで神奈川県内を中心に業務代行方式により、20カ所以上の土地区画整理事業に携わってきた。近年では2018年に完成した二俣川駅南口地区の再開発、2017年に設立された「横浜駅きた西口鶴屋地区市街地再開発組合」の事務局を担当している。また、駅前街区のリノベーション、ショッピングセンター「相鉄ライフ」の開発・展開、横浜駅西口を中心にビル資産の保有などを行う。

星川駅直結の賃貸マンションKNOCKS（ノックス）星川。間取りは1K〜1LDKなので、1〜2人向けの物件だ。

相鉄不動産が開発した海老名駅前のタワーマンション、グレーシアタワーズ海老名。総戸数はウエスト棟・イースト棟で477戸である。

CHAPTER 1

　相鉄不動産は、相鉄線沿線を中心に神奈川県下、東京都下など首都圏全域に分譲マンション「Gracia」、分譲一戸建て「Gracia Life」、賃貸マンション「KNOCKS」を展開する。このほか再開発事業やマンションの建て替え、定期借地権事業、さらにサービス付き高齢者向け住宅、介護付き有料老人ホーム、スポーツ施設など各種施設の開発などを手がける。

　子会社の相鉄不動産タイランドは、日本国内の住宅開発で培ったノウハウを活かして、タイ王国バンコクにおいて現地デベロッパーとの合弁による高層マンション開発プロジェクトに参画している。

横浜駅前の相鉄ムービル（正式名称は相鉄南幸第2ビル）は、映画館、ライブハウス、飲食店などが入居する。運営管理者は相鉄ビルマネジメント。

中古住宅は別会社が担当する

　相鉄不動産の業務がマンション・戸建て住宅の開発、賃貸住宅事業であるのに対し、相鉄不動産販売は不動産の仲介・賃貸・管理を行う企業だ。さらに中古マンションの買い取り再生販売、不動産の資産活用コンサルティング・管理、空き家対策、レンタルスペースなどを業務とする。実店舗を相鉄線沿線に7店展開し、地域に密着した情報網で住み替えをバックアップしている。

　このほか、相鉄グループの不動産業には、マンションの管理組合の事務代行、管理員の派遣などマンション管理をサポートする相鉄リビングサポート、横浜駅西口を中心に相鉄線沿線で多くのオフィスビル・施設を運営する相鉄ビルマネジメントがある。同社が関わる施設は、横浜駅西口の地下街（旧、ザ・ダイヤモンド）および駅ビルの相鉄ジョイナス、二俣川駅に隣接するJOINUS TERRACE二俣川、沿線に7カ所ある相鉄ライフ、星川〜天王町間の高架下施設「星天qlay」、横浜ベイシェラトン ホテル＆タワーズが入居するビルなどである。

用語解説　バンコク

タイ王国の首都。華やかな大都会のにぎわいと、厳かな仏教文化が息づき、古今の歴史と文化が調和した都市だ。1782年にラーマ1世によってこの地に遷都されて以来、タイの政治・経済・教育・文化の中心であり続けている。人口は約567万人（2020年、出所：内務省）。

SOTETSU 11

>>> フルサービスホテルから宿泊特化型ホテルまで
相鉄グループのホテル業

相鉄グループは、成長戦略の柱のひとつに宿泊特化型ホテルを積極的に出店し、国内外でチェーン展開を進めている。直営57店舗（既存店のみ、2023年8月1日現在）、総客室数13,074室をもって、ホテル業を営んでいる。

横浜駅西口のランドマークである横浜ベイシェラトン ホテル＆タワーズ。高島屋横浜店や相鉄ジョイナスが入居する駅ビルとは、道路の向かいに位置する。

旧相鉄本社跡地にフルサービスホテルを建設

　相鉄グループのホテル業の基幹となるのが、横浜駅西口に立地する「横浜ベイシェラトン ホテル＆タワーズ」と、全国に展開する宿泊特化型の「相鉄フレッサイン」である。

　横浜ベイシェラトン ホテル＆タワーズは相鉄本社が入居していたビルの跡地に、1998年9月に開業した。地上27階（呼称28階）、地下6階、高さ115mのホテルは、開業時の横浜駅西口で最も高い建物だった。運営する相鉄ホテルは、世界139の国と地域でホテルを展開するマリオット・インターナショナルと業務提携を行い、「シェラトン」のブランドを冠した。

　1,000人規模のパーティーが可能な大宴会場をはじめ11の宴会場、8つのレストランとバー、ホテルショップを備えたこのホテルは、開業直後の98年10月26日にはプロ野球日本シリーズで優勝した横浜ベイスターズ（現・横浜DeNAベイスターズ）の記者会見と祝勝会の会場となった。

　2018〜20年に全348室のリニューアルを行い、19年にはホテルの顔となる

メインロビーと、ロビーから続くメザニンロビー（中2階）およびラウンジ「シーウインド」を改装した。このほかレストランや宴会場も改装を行い、ワンランク上の上質な空間を提供し、快適なホテルライフの実現を目指している。

5ブランドがある相鉄の宿泊特化型ホテル

相鉄グループの**宿泊特化型ホテル**は、相鉄ホテルマネジメントが運営する。

その中で最も店舗数が多いのが「相鉄フレッサイン」で国内43店舗、海外1店舗を、「相鉄グランドフレッサ」が国内4店舗、海外1店舗を展開。いずれも駅から徒歩5分以内の好立地に宿泊特化型のホテルを構えている。

「ザ・ポケットホテル」は新しい形の簡易宿泊所だ。シャワールーム・洗面台を客室外に集約し、その分、客室は狭いながら全室鍵付きとした。ICTを活用した最先端の設備を導入しており、チェックイン・チェックアウトはフロントの端末機を操作する。これらによりビジネスホテルより割安な価格帯、カプセルホテルより高い安全性と快適性が確保された。

50年以上の歴史を持ち国内外で直営3店舗、パートナーホテル24店舗を展開する「ホテルサンルート」は、2014年に相鉄グループに入った。サンルートのブランドは継続している。サンルートチェーンが持つノウハウやブランドの活用、スケールメリットなどのシナジー効果は、相鉄グループのホテル業の基盤を一層強固にするものである。

海外で展開するホテルは、相鉄グループが設立した現地法人が運営し、韓国ソウルでは相鉄グループのホテル業で最も新しいブランド「ザ・スプラジール」2店舗を展開する。

宿泊特化型の相鉄フレッサインは、関東を中心に北海道から広島まで、さらに韓国ソウルにも出店している。左は相鉄フレッサイン横浜駅東口、右は相鉄フレッサイン横浜桜木町。写真提供／相鉄グループ

用語解説 **宿泊特化型ホテル**
[しゅくはくとっかがたほてる]

レストランなどの料飲（料理と飲食）部門、ウェディングなどの宴会部門を持たず、コストカットを意識し宿泊に特化したスタイルのホテル。一般にビジネスホテルと呼ばれ、チェーン系のホテルが多数を占めている。鉄道会社系列のホテルの参入も多い。

建物管理や地域の冷暖房など
相鉄グループのその他の事業

相鉄グループの事業には、運輸・流通・不動産・ホテルのカテゴリーに入らないものもある。それらは「その他の事業」のセグメントに収められる、ビルメンテナンス、住まいのリフォーム事業、雇用の創出、地域冷暖房、保険サービスなど、実にさまざまだ。

相鉄グループが運営・管理するビルやショッピングセンターの警備・清掃などのメンテナンス作業も、相鉄グループの一員が担当する。写真提供／相鉄グループ

ビル管理・清掃から住まいの困りごとまで

　相鉄企業は1961年に、相鉄が所有するビルや横浜駅周辺ビルの清掃管理業務を目的とする「相鉄ビルサービス」として設立された。現在は東京都や神奈川県を中心に、首都圏でオフィスビル、ショッピングセンターなどの管理・警備・清掃・案内業務などを手がける。また、公共施設の指定管理業務、各種建物の設備を中心として工事を担当する。1989年に相鉄グループの一員となった第一相美は、オフィスビルやショッピングセンターなどの清掃業務を行う企業だ。総合建物サービス業受託件数は、両社を合わせて約800物件を数える。

　相鉄リフォームは、2000年に相鉄不動産から分離した相鉄ホームを前身とし、15年に商号を現社名に変更した。11年に住宅リフォーム事業会社として営業を開始して以来、相鉄線沿線を中心に、住まいの維持・管理のためのメンテナンスリフォームから、間取り変更、増改築の**リノベーション**まで実施し、一戸建て・マンションを問わず、年間約1,400件を超えるリフォームを手がけている。また、小さな修繕を中心として住まいのちょっとした困りごとをスピーディーに解決す

るサービス「S.H.A.L.S.S.」、お客さまの「想い」を形にする提案型リフォームサービス「SoReS」を提供し、好評を得ている。

ホテルの地下にプラントを保有し、冷気・蒸気を供給

1988年に創立した横浜熱供給は、横浜駅西口の6施設（横浜ベイシェラトン ホテル＆タワーズ、相鉄ジョイナス、髙島屋横浜店、天理ビル、横浜ファーストビル、横浜市営地下鉄横浜駅）へ、冷暖房などに使用する冷水と蒸気を供給する、それまで相鉄グループになかった事業だ。横浜駅西口の再開発事業の完成に伴い、横浜ベイシェラトン ホテル＆タワーズの地下5・6階に設置された熱供給プラントから熱源を供給する。システムは炉筒煙管式蒸気ボイラー、二重効用蒸気吸収式冷凍機、電動ターボ冷凍機、およびガスタービンコージェネレーションで構成され、高効率・省エネルギー・省スペース化を追求するとともに、低NOx化が図られている。

このほか、相鉄グループの保険代理専業会社である相鉄保険サービス、住宅・商業施設向けのオール浄水システム「良水工房」を製造・販売する相鉄ピュアウォーター、相鉄グループのシェアードサービスセンターとして、経理・採用・給与計算・総務・広報などを請け負う相鉄ビジネスサービス、相鉄HDの特例子会社として障害者を雇用しグループ会社施設の清掃業務を請け負う相鉄ウィッシュ、定年退職者を再雇用しグループ会社へ派遣する労働者派遣事業を通じて、高齢者の積極的な活用と、雇用の安定に貢献する相鉄ネクストステージなどが、「その他の事業」のカテゴリーに含まれている。

横浜ベイシェラトン ホテル＆タワーズの地下に、横浜熱供給のプラントが置かれている。写真提供／相鉄グループ

用語解説 **リノベーション**

建物を改築する言葉に「リフォーム」と「リノベーション」がある。リフォームは老朽化した建物を新築の状態に戻すことを指し、「原状回復」とも言われている。一方でリノベーションは既存の建物に大規模な工事を行うことで、住居の性能を新築の状態より向上させたり、価値を高めることを指す。

グループマークとブランドメッセージ

ときめきと やすらぎをつなぐ

相鉄グループは、統一されたイメージを機能的に伝え、ブランド力を強化するため、2006年にグループマークとグループブランドメッセージを設定した。

グループマークは相鉄（SOTETSU）の頭文字であるSをモチーフに、空間的な広がりと無限大（∞）を想起させるデザインで、グループのさらなる成長と各社の融和、絆を表現している。グループカラーは「SOTETSUブルー」が知性や信頼を、「SOTETSUオレンジ」が活力やきらめきを表している。

グループマーク制定にともない、電車・バス車両、社用車、店舗看板などに2色のグループカラーを用いるようになった。

グループブランドメッセージは「ときめきと　やすらぎをつなぐ」と定められた。相鉄グループが「都会の上質なときめき」と「沿線に住まうやすらぎ」が調和する「喜びに満ちた快適な暮らし」をお客さまに届けることを約束するものである。

グループマークとブランドメッセージの制定にともない、1987年に創立70周年を記念して制定・使用してきたシンボルマークは、使用を終了した。

保存車両ED11に残る社紋。車輪と「相」の文字を組み合わせたこのマークは1959年に制定され、シンボルマーク制定前にはさまざまな場所に表示された。

羽沢横浜国大駅の正面入口には境界駅らしく、相鉄のグループマークとJR東日本のロゴマークを掲出する。

現行の相鉄のグループマークは、知性や信頼を示す「SOTETSUブルー」と、活力やきらめきを表す「SOTETSUオレンジ」をあしらった。

CHAPTER 2 第2章

相模鉄道の
路線がわかる

相模鉄道の路線は、戦前に開業した相鉄本線、昭和から平成にかけて開業した相鉄いずみ野線、近年の都心直通計画に伴い開業した相鉄新横浜線、かつては本線だったが、現在は貨物線になった厚木線で構成され、営業キロ数は旅客線42.2km、貨物線2.2kmである。沿線は田畑が広がる地域だったが、宅地開発が進み、通勤・通学をはじめ横浜方面への利用者が多い。一方で、相鉄新横浜線の開業により他社線と相互直通運転を開始し、新横浜や都心と直結した。

SOTETSU 13

≫≫ 相模鉄道の大動脈
≫≫ 相鉄本線①・横浜～二俣川間

相鉄本線の瀬谷から横浜寄りの区間は、横浜市域に属するエリアで、全線に渡り市街地化が進んでいる。相鉄本線の中でもあとから開業し、駅間距離が比較的短い。西谷駅で相鉄新横浜線、二俣川駅で相鉄いずみ野線が分岐し、星川～天王町間は2018年に高架化された。

帷子川に沿って、北西へ延びる

相鉄本線は、横浜～海老名間24.6kmの路線である。相鉄のメインルートで、平日・休日ともに日中1時間あたりの横浜発の列車は、海老名行きが6本、西谷行きが2本、湘南台行きが4本と、計12本が設定されていることが多い。

横浜～西横浜間はJR東海道本線と並行する

帷子川のたもとに横浜駅が位置する。相鉄本線は横浜～西横浜間でJR東海道本線と並行する。

が、この間にJRの駅はない。西横浜駅で進行方向を北西に変えた相鉄本線は高架に上がり、天王町・星川と停車する。星川駅は相鉄本線の主要駅のひとつで、快速が停車する。相鉄本線は鶴ケ峰駅付近まで、横浜駅付近で海に注ぐ帷子川に沿い、星川を過ぎると川がつくった渓谷地帯に入る。しかし、沿線は宅地化が進

■相鉄本線1　横浜～二俣川間

S001 横浜 よこはま		S002 平沼橋 ひらぬまばし		S003 西横浜 にしよこはま		S004 天王町 てんのうちょう		S005 星川 ほしかわ		S006 和田町 わだまち		S007 上星川 かみほしかわ		S008 西谷 にしや		S009 鶴ケ峰 つるがみね		S010 二俣川 ふたまたがわ
	0.9 km		0.9 km		0.6 km		0.9 km		1.0 km		0.7 km		1.9 km		1.6 km		2.0 km	

み、渓谷の雰囲気はない。

　相鉄は大手私鉄でありながら都心との相互乗り入れがなかったが、2019年に相鉄新横浜線西谷〜羽沢横浜国大（はざわよこはまこくだい）間が開業したことにより、西谷〜二俣川間は他社の車両も走るようになった。その西谷駅は相鉄新横浜線の開業に際して大規模な改装工事が行われ、JRとの相互直通運転を機会に特急をはじめとする速達列車の停車が始まった。

　鶴ケ峰駅はよこはま動物園ズーラシアの最寄り駅で、当駅から相鉄バスが連絡する。保土ケ谷（ほどがや）バイパス（国道16号）をくぐると二俣川駅に到着する。

戦後に宅地化が進んだ相鉄本線

　相鉄本線は1926年に神中鉄道によって設けられた路線で、最初に二俣川〜厚木（あつぎ）間が非電化で開業。本稿で取り上げる区間は同26年末に星川（現・上星川）駅まで延伸した。その後は1927年に北程ケ谷（きたほどがや）（現・星川）駅、29年に西横浜駅に達し、これに伴い旅客・貨物の運輸収入がともに著しく増加した。神中鉄道の本社も西横浜駅に置かれた。横浜延伸は1933年12月で、当時の横浜駅西口はひなびた景色が広がるのみで、ビルが立ち並び地下街が広がる現在の街並みからは想像ができないほどであった。なお、西横浜〜保土ケ谷間の貨物営業は1979年に廃止されている。

　相鉄本線電化は戦時中の1942年に横浜〜西谷間から始まり、翌43年に海老名駅まで延びた。なお、同年に神中鉄道は相模鉄道と合併している。

　戦後は、戦災で家を失った人たちが住まいを求めて郊外に移転するケースが東京で見られた。横浜も例外ではなく横浜〜二俣川間は戦前から立地した工場跡地を郊外住宅地として整備拡張していった。また、相模鉄道が横浜駅西口の土地を購入し、横浜駅名品街、髙島屋ストア、相鉄映画劇場など設けたことで横浜駅西口周辺が大繁華街となり、相鉄本線の乗客増につながっていった。

西谷駅の海老名側は4線となり、内側2線が折り返し用の引き上げ線になっている。右側の東急電車は、相鉄新横浜線へ直通する。

》》》 **相鉄新横浜線開業で様相が一変**
相鉄本線②・二俣川～海老名間

横浜市の郊外から衛星都市が沿線となる二俣川～海老名間は、戦後に開発された住宅地が広がり、駅構内や駅前には相鉄グループの関連施設が目立つ。駅間距離が横浜～二俣川間より広くなり、低層階の宅地の間に田畑が残されているのが、この沿線の風景だ。

小田急と2つの駅で接続する

　二俣川駅は横浜市旭区の中核に相当し、相鉄本線と相鉄いずみ野線に分岐する。このため乗降客・乗換客ともに多く、同駅は終日にぎわっている。次の希望ケ丘駅は、戦後に相鉄が二俣川～三ツ境間に将来の住宅地開発の拠点とするため、1948年に設けられた駅だ。相鉄は1947年に50戸、48年に80戸の宅地を建設した。相鉄の不動産開発はここから始まった。三ツ境駅を過ぎると車窓は相模野台地に代わり、横浜市を出て大和市に入ると大和駅に着く。

　小田急江ノ島線と接続する大和駅は、相鉄本線が地下、小田急江ノ島線が高架、両社の改札口が地上に設けられた三層構造になっており、こちらも乗換客が多い。

大和～相模大塚間はアメリカ海軍、海上自衛隊が共同で使用している厚木飛行場の北辺を通る。相模大塚駅は駅の規模のわりに留置線が多い。これはかつて当駅から厚木基地へ向けて貨物線が設置され、航空燃料輸送の貨車の組成に使われた名残である。現在は車両の留置などに使用されている。

　さらに進むと、相鉄唯一の車両基地である車両センターを併設するかしわ台駅に到着する。2面4線ホームを有し、通

都営地下鉄三田線西高島平行きが相模大塚駅を発車した。列車の先にあるトンネルは厚木基地の滑走路の先端に位置し、列車の光からパイロットを、また航空機による万が一の事故から列車を守るために設けられた。

常の営業列車だけでなく、車両センターへ出入りする列車がホームに停車している時間も多い。

　かしわ台駅を出ると台地を下りはじめ、やがて本線から右へ分岐する線路が見えてくる。この分岐点が相模国分（貨物）で、分かれた単線は神中鉄道が創業当初に開通した路線。現在も厚木線として残っている。その厚木線との間に小田

かしわ台駅に到着する海老名行き。右側の通路はかつての大塚本町駅跡地を活用した東口改札に続き、ホームの先端の階段から約350mの距離がある。

急小田原線、さらに小田急電鉄の海老名電車基地が見えると、海老名駅に到着する。当駅は隣に小田急線海老名駅、さらに北側にはJR相模線海老名駅があり、大和駅と同様に乗換客で終日にぎわう。

神中鉄道が最初に開業した区間

　相鉄本線の西半分は、相鉄本線の前身である神中鉄道が1926年5月に開業した区間だ。相模川で採取される砂利輸送を主目的に、川に近い厚木駅と二俣川駅を結んだ。すぐに横浜方面へ延伸したものの、二俣川〜厚木間は人口が希薄な農村地帯だった。

　海老名延伸は1941年11月である。これにより小出急小田原線相模厚木（現・本厚木）駅へ気動車が直通することになった。神中鉄道の悲願であった厚木中心部への乗り入れが実施されたのだ。海老名延伸と同時に分岐点の相模国分信号場から厚木駅への旅客営業は終了し、以後同線は貨物専業となった。

　相鉄新横浜線の開業により、二俣川〜海老名間では横浜方面、東急線方面、JR線方面の列車が走る。海老名駅からは従来の横浜行きだけでなく、JR新宿・武蔵浦和、東急目黒・渋谷、東京メトロ池袋、東武森林公園・小川町、都営地下鉄西高島平、埼玉高速鉄道浦和美園など、行先が多岐に渡っている。

■相鉄本線2　二俣川〜海老名間

S010 二俣川 ふたまたがわ		S011 希望ケ丘 きぼうがおか		S012 三ツ境 みつきょう		S013 瀬谷 せや		S014 大和 やまと		S015 相模大塚 さがみおおつか		S016 さがみ野 さがみの		S017 かしわ台 かしわだい		S018 海老名 えびな
	1.7 km		1.4 km		1.9 km		1.9 km		1.9 km		1.2 km		1.3 km		2.8 km	

SOTETSU 15

>> 相鉄が開発したニュータウン路線
>> 相鉄いずみ野線・二俣川〜湘南台間

横浜市西部の丘陵地帯を貫く相鉄いずみ野線は、近郊農業が盛んなこの地域の開発を見込んで相模鉄道が建設した、同社の第二の路線である。基本は横浜方面・東急東横線方面行きとなる。掘割、高架が多く、踏切は1カ所もない。

相鉄いずみ野線は全区間で踏切がない。高架区間では天気のよい日に車窓から富士山が見えることも。

高架区間では富士山も見える

　相鉄いずみ野線は、二俣川〜湘南台間11.3kmの路線である。二俣川駅で相鉄本線、湘南台駅で小田急江ノ島線・横浜市営地下鉄ブルーラインと接続するが、中間では他路線との接続はない。

　二俣川駅を出た列車は高架線を上り、相鉄本線下り線を乗り越え南へ進む。東海道新幹線の高架橋をくぐり、南万騎が原駅に着く。相鉄いずみ野線の各駅に共通することだが、駅前は住宅地が広がり、ニュータウン路

■相鉄いずみ野線　二俣川〜湘南台間

S010		S031		S032		S033		S034		S035		S036		S037
二俣川 ふたまたがわ	1.6 km	南万騎が原 みなみまきがはら	1.5 km	緑園都市 りょくえんとし	1.8 km	弥生台 やよいだい	1.1 km	いずみ野 いずみの	2.2 km	いずみ中央 いずみちゅうおう	1.1 km	ゆめが丘 ゆめがおか	2.0 km	湘南台 しょうなんだい

線の様相を呈している。南万騎が原駅を過ぎるとトンネルに入り、1kmほど抜けた先が緑園都市駅だ。この駅はトンネルに挟まれている。次の弥生台駅では、2013年に国土交通省の支援を受けたホームドア設置の一環として1番線ホームの二俣川寄りに、1両分の昇降バー式ホームドアが設置され、約1年間に渡り実証実験が行われた。なお、現在は扉が左右に開く可動式のものを採用している。

　弥生台駅を出るとすぐにいずみ野駅に到着。ここまでは第1期開業区間で、いずみ野駅は島式2面4線のホームが堀割の中にある。いずみ野駅から西側は高架が続く。比較的高層建築が少ないため、天気がよければ丹沢山地、箱根、さらに富士山も見え、通勤客の無聊を慰めている。いずみ中央、ゆめが丘を過ぎ、左手から横浜市営地下鉄ブルーラインの高架線が近づくと、そのままトンネル内を走行して湘南台駅に到着する。

3回に分けて全通した相鉄いずみ野線

　相鉄いずみ野線は、もともと1966年の都市交通審議会答申第9号で検討すべき路線として6号線（東京方面〜港北ニュータウン〜二俣川〜湘南台〜平塚）に位置づけられた路線で、二俣川〜平塚間について相鉄が免許を取得した。まず1976年4月に二俣川〜いずみ野間が開業する。ここから14年後の1990年4月にいずみ中央駅まで1駅が延伸し、99年3月に湘南台駅まで全通した。なお、平塚への免許はまだ保有しており、神奈川県によるとJR相模線倉見駅付近と、相模川対岸の平塚市大神地区からなる環境共生モデル都市「ツインシティ」への延伸の検討を進めているという。

　開業時は各駅停車のみだったが、全通に先駆けて1999年2月のダイヤ改正で快速を設定、さらに2014年4月ダイヤ改正で特急の運転が始まった。特急は相鉄・JR直通線開業時の2019年ダイヤ改正で廃止され、代わりに通勤特急・通勤急行が新設されたが、相鉄・東急直通線開業時の2023年3月ダイヤ改正で東急線直通のみ、特急が復活した。

　日中は横浜方面だけでなく、東急東横線、東京メトロ副都心線、東武東上線へ直通列車が設定されている。

相鉄グループがディベロッパーとなり開発が進められた万騎が原地区の玄関、南万騎が原駅。

SOTETSU 16

>>> ## JRと直通した先行開業区間
相鉄新横浜線①・西谷〜羽沢横浜国大間

西谷駅から分岐する相鉄新横浜線は、神奈川の県央部と東京都心を結ぶ路線である。このうち西谷〜羽沢横浜国大間が先行開業し、相鉄本線とJR埼京線との直通運転を開始した。

西谷駅で相鉄本線から相鉄新横浜線が分岐する。接続を待って相鉄新横浜線から東急線へ直通する20000系が先発した。

西谷駅から地下線で羽沢横浜国大駅へ

　相鉄新横浜線は西谷〜新横浜間6.3kmで、本稿で取り上げる西谷〜羽沢横浜国大間2.1kmは2019年11月に先行開業した区間だ。島式2面4線の西谷駅は、内側2線を相鉄本線、外側2線を相鉄新横浜線が使用する。西谷駅を出発した列車はすぐに地下へ潜り東進する。前方が明るくなれば羽沢横浜国大駅に到着する。

　羽沢横浜国大駅は横浜市神奈川区の鉄道空白地帯に開業した駅である。正確にはJR東海道貨物線の横浜羽沢駅が隣接しているが、この駅は貨物駅のため旅客施設がない。羽沢横浜国大駅の東京寄りは堀割状になっており、空からの明かりが降り注ぐ。線路はすぐにJR線の武蔵小杉方面と新横浜方面に分岐する。武蔵小杉方面は勾配

■相鉄新横浜線１
西谷〜羽沢横浜国大間

S008		S051
西谷 にしや	2.1 km	羽沢横浜国大 はざわよこはまこくだい

▲羽沢横浜国大駅ホームから西谷方面の軌道は下り勾配になっている。▶新横浜方面は堀割状で明るい。トンネルは新横浜駅へ、左右の勾配はJR線へ続く。

を駆け上がり、東海道貨物線と合流してトンネルに入る。地下ではどこを進んでいるのかわかりにくいが、羽沢地区から南東へ進路をとり、東急東横線妙蓮寺〜白楽間、JR横浜線大口〜菊名間を地下で交差して、JR京浜東北線鶴見〜新子安間に出る。そして横須賀線列車が走るルートに沿って武蔵小杉へ向かう。

ちなみに、相鉄・JR直通線の羽沢横浜国大駅以遠は、JR東日本の管轄である。

「神奈川東部方面線」として整備された

相鉄新横浜線は、鉄道建設・運輸施設整備支援機構（鉄道・運輸機構）が整備主体となり、インフラを保有する。同機構による事業名称は西谷〜羽沢横浜国大間が「相鉄・JR直通線」、羽沢横浜国大〜東急東横線日吉間が「相鉄・東急直通線」である。

もともとは横浜市西部・神奈川県央部から、東海道新幹線駅がある新横浜都心部、東京都心部との接続を強化する「神奈川東部方面線」計画の一環である。2000年1月に運輸政策審議会答申第18号で、15年までに開業することが適当であると答申され、06年5月には都市鉄道等利便増進法に基づく整備構想を鉄道建設・運輸施設整備支援機構（鉄道・運輸機構）が国土交通省に申請した。同時に相鉄・JR直通線については相鉄が、相鉄・東急直通線については相鉄と東急が営業構想を申請した。

こうして進められた神奈川東部方面線は、広域かつ多様な鉄道ネットワークの形成、速達性の向上による時間短縮、新幹線駅へのアクセス向上、さらにJR東海道本線などの混雑緩和、利用者の乗り換え回数の減少など、沿線地域の活性化などが期待されている。

羽沢横浜国大駅からJR線へ向けては、朝ラッシュ時に1時間あたり3〜4本、日中は同2本が設定されている。

≫ 相鉄線沿線と新幹線駅を直結
相鉄新横浜線②・羽沢横浜国大～新横浜間

相鉄新横浜線は、まず西谷～羽沢横浜国大間が開業し、横浜市西部および神奈川県央部と東京副都心を直結した。同時に工事が進められたのが東急東横線・目黒線に接続する路線だ。こちらは2023年3月に開業した。

1都2県にまたがる7社局14路線に及ぶネットワーク

　羽沢横浜国大駅の東京側は、線路が直進してすぐ地下線に入る新横浜方面と、それを抱えるように東海道貨物線方面へ延びる線路が分岐している。新横浜方面のルートは地下線なので、列車に乗っている限りはどこを通っているのかわかりにくいが、地図でなぞると、第三京浜道路を過ぎたあたりで東海道新幹線と並行し、環状2号線の下を通りながら新幹線の南側から北側にルートを移して新横浜駅に着く。新幹線の新横浜駅とは駅前バスターミナルを挟んで直線距離で約130m離れており、横浜市営地下鉄ブルーラインの新横浜駅と交差するように設けられている。新横浜駅から先は「東急新横浜線」の路線名が付けられた東急電鉄の管轄だ。同駅からも地下区間が延び、大倉山駅付近で東横線に沿いながら北へ延び、日吉駅で合流する。

　西谷～新横浜間は会社名の「相鉄」を含めた相鉄新横浜線が正式な路線名で、羽沢横浜国大～新横浜～日吉間は2023年3月18日に開業した。これにより相鉄は東急新横浜線を介して、東京都心部と直結した。海老名・湘南台方面からは東急東横線・目黒線、東京メトロ副都心線・南北線、東武東上線、都営三田線、埼玉高速鉄道へ乗り換えなしで行けることとなり、従来の横浜経由より速達性と利

2023年3月18日に開業した新横浜駅。ホーム上の駅名標にも相鉄と東急の駅ナンバリングが表示されている。

自動券売機は相鉄線、東急線に分かれている。運賃表もそれぞれの券売機の上に配置されているのでわかりやすい。

便性が大きく向上した。また、東横線・副都心線を介して線路がつながる西武鉄道を含めると、神奈川・東京・埼玉の1都2県にまたがる7社局14路線におよぶネットワークが構築された。

相鉄と東急の共同使用駅、新横浜

相鉄新横浜線と東急新横浜線の境界である新横浜駅の開業は、相鉄・東急沿線から東海道新幹線へのアクセスを向上させると同時に、横浜の新都心である新横浜の地位をもう一段階引き上げた。

そうした新横浜駅は、相鉄と東急の共同使用駅であり、南改札は相鉄、北改札とホームなどの運行管理は東急が担当する。このため南改札はレンガ調、北改札は白基調と、改札内コンコースのデザインも異なっている。

「Shin-Yoko Gateway Spot」と命名された南改札内の待合室は、当駅の施設の中でも特徴的だ。地元ゆかりのデザイナー監修のもと、相鉄・東急両沿線、新幹線を利用する中部・関西地方の人々の暮らしが交わる交流拠点となることをイメージし、相鉄が「デザインブランドアッププロジェクト」でキーマテリアルのひとつとしているレンガ、東急が駅舎の廃木材「えきもく」、JR東海が新幹線再生アルミなどを提供し、内装材とした。

ホームは2面3線で、2・3番線が線路を共有し、折り返し運転に対応する。配線の関係で日吉方面からは1〜4番線いずれにも進入可能だが、西谷方由から1番線への進入はできない。

■ 相鉄新横浜線2
羽沢横浜国大〜新横浜間

S051		S052
羽沢横浜国大 はざわよこはまこくだい	4.2 km	新横浜 しんよこはま

地下駅ながら明るい雰囲気の新横浜駅改札口。有人改札のカウンターには2社のキャラクター(そうにゃん・のるるん)のぬいぐるみが置かれている。

特急・各駅停車など5種類が存在 相模鉄道の列車種別

相模鉄道の速達列車は1957年2月20日の準急から始まった。1964年11月5日には準急を急行として運行を開始した。しばらくはこの体制が続いたが、1999年2月27日には快速、さらに2014年4月27日に特急を新設した。相鉄新横浜線の開業に伴い、新しい列車種別も生まれている。

相鉄・JR直通線開業で西谷に特急が停車

現在の相鉄の列車種別は、特急・通勤特急・通勤急行・快速・各停がある。特急は最も停車駅が少なく、横浜〜海老名・湘南台間の途中停車駅は西谷・二俣川と、相鉄本線系統は大和、相鉄いずみ野線系統はいずみ野である。2019年11月30日のダイヤ改正で新設された通勤特急は朝ラッシュ時に運行される列車で、特急の停車駅に鶴ケ峰を加えたもの。通勤特急と同日に生

2023年3月18日ダイヤ改正で休止となった急行は、1957年に運行を開始した準急をルーツに、60年以上の歴史を持つ列車種別だった。

まれた通勤急行は、これも朝ラッシュ時の運行で、海老名・湘南台から西谷までの各駅と横浜に停車する。

　快速は横浜・西谷と、西谷から先は各駅に停車する。各停は文字通り、各駅に

相鉄車両の行先表示器はLED化が進んでいる。上段左から特急・快速・各停。下段は乗り入れ先の行先で、直通する路線によって列車種別の文字色を変えている。

停車する列車だ。また、相鉄新横浜線系統は、全種別が羽沢横浜国大・新横浜に停車する。

　日中時間帯の運行パターンを西谷〜二俣川間で示すと、平日・土休日ともに、横浜方面12本、JR線方面2本、東急東横線方面2本、東急目黒線方面2本となっている。

「おかいもの電車」の愛称が付いた列車

　相鉄は1957年2月に準急の運行を始めた。当初は朝方に横浜行きのみで、横浜〜希望ケ丘間は無停車に、58年11月には海老名行きの下り列車も準急（朝方9本、夕方13本）を設定した。1960年から4年間は横浜駅名品街など商業施設の発達が著しい横浜駅西口への買い物客をターゲットに「おかいもの電車」を1日1往復運行した。当時の準急は二俣川を通過したが、「おかいもの電車」は同駅に停車した。

　準急は1964年11月に急行となり、横浜〜二俣川間は無停車、二俣川〜海老名間は各駅に停車した。長らくこの体制が続いたが、いずみ野線からターミナルである横浜への速達性の向上を目的に1999年2月に快速を、さらに2014年4月には特急を新設した。

　相鉄新横浜線の開業により西谷に特急が停車するようになったが、急行は依然として同駅を通過していた。列車種別としては上位が停車し、下位が通過する状態が続いたが、2023年3月18日ダイヤ改正で急行が休止となり解消されている。

横浜駅西口へのご婦人方のショッピングに配慮した「おかいもの列車」。写真提供／相鉄グループ

用語解説 おかいもの電車
[おかいものでんしゃ]

1960年11月1日に登場した「おかいもの電車」は、横浜駅西口への買い物に利便を図り、海老名発9時55分→横浜着10時30分／発15時33分→海老名着16時06分の1日1往復が設定された。列車にはハトがカゴを咥えたヘッドマークが掲出された。1964年11月5日まで運行。

車両の運搬に使われる厚木線

神中鉄道創業時の路線の一部

相模国分から分かれた単線の厚木線は盛り土を進み、カーブを曲がってきたJR相模線の海老名～厚木間で並行する。

厚木線は相模国分～厚木操車場間2.2kmの路線である。相鉄本線の前身、神中鉄道が開業した路線で、厚木操車場は終点の厚木駅だった。1941年11月の小田急電鉄直通を目的とする海老名延伸まではこちらが本線だった。同日に現在の厚木線の旅客営業は廃止され、貨物線となった。

かつては相模川で採掘された砂利の輸送(1964年に採取禁止)、在日米軍厚木基地への航空燃料を積載したタンク車の輸送が行われたが、ED10形電気機関車の老朽化、燃料輸送がタンクローリーに切り替わったことから、1998年10月1日に燃料輸送を含む全貨物列車の運行が休止された。

厚木操車場の旧貨物ヤードは、現在、留置線として使用されている。また、新車・更新車両の甲種車両輸送などにも厚木線が使われている。

JR相模線厚木駅に隣接する、厚木線の終点、厚木駅。ホームはなく、留置線が延びている。

CHAPTER 3 第3章

相模鉄道の
駅がわかる

相模鉄道は相鉄本線・相鉄いずみ野線・相鉄新横浜線に全27駅を擁する。全駅が神奈川県内に位置し、他社線との接続駅は横浜・大和・海老名・湘南台・羽沢横浜国大・新横浜である。全駅でバリアフリー設備が完備され、また全駅係員がサービス介護士の資格を取得しており、安心・快適に利用できる鉄道づくりの一端を担っている。

※1日平均乗降人員数は2022年度統計。

相鉄最大のターミナル
相鉄本線・横浜駅

横浜駅は相模鉄道最大のターミナル駅である。相鉄新横浜線が開業するまでは、ほとんどの列車が横浜駅へ直通していた。開業時の駅前は場末のムードがただよい、それをいまのような繁華街に生まれ変わらせたのは相鉄の努力の結晶と言えよう。

6社局が接続する首都圏有数の巨大ターミナル

　相模鉄道の拠点駅が横浜駅である。相鉄のほかJR東日本・東急電鉄・横浜高速鉄道・京浜急行電鉄・横浜市交通局（横浜市営地下鉄）の6社局が乗り入れるターミナル駅として機能する。熱海・久里浜方面や八王子方面などのほか、JR湘南新宿ラインの開業（2001年12月1日）を皮切りに拡大した都心経由の直通運転により、東京・渋谷・新宿・上野など各ターミナル駅、および西武秩父駅や森林公園駅など広範な路線網の接続駅の役割も果たしている。

　2022年度の統計では、各社局を合わせた1日平均の乗降人員は約177万人規模にのぼり、うち相鉄が329,228人を占め、同社各駅中で最多。JRを除く各社間でも相鉄の乗降人員が最も多い。また、JR東日本管内では新宿駅・池袋駅・東京駅に次ぐ第4位（1日平均乗車人員340,536人／2022年度）で、利用者規模で全国有数の巨大ターミナルといえるだろう。

1日に30万人以上の乗降客がある横浜駅。駅ビルの新相鉄ビルには相鉄ジョイナス、髙島屋も入居し、昼夜を問わずにぎわう。

高架下の商業施設に直結する五番街口改札は、施設の開業時間に合わせて利用できる。係員は配置されていない。

2階改札にずらりと並んだ自動改札機。1日の乗降客数の多さが改札機の数でわかろうというもの。

相鉄の横浜駅は、西口側のJR保土ケ谷駅寄りに高架頭端式4面3線ホームを構えている。4面ホームは1番線の乗車と1・2番線の降車、2・3番線の乗車、3番線の降車の順に配列され、乗車と降車で動線を区分する。時間帯によっては乗車ホームでの降車にも対応している。列車は相鉄本線と相鉄いずみ野線の両系統が発着し、2023年7月現在は1時間あたり最大21本が発車している。

駅ビルをはじめ、西口開発にも積極的に取り組む相模鉄道

相模鉄道が横浜に乗り入れたのは1933年12月27日。前身のひとつである神中鉄道の横浜〜平沼橋間開業によるものだ。同社は1943年4月1日に相模鉄道へ吸収合併され、現在の相鉄本線へと発展していったのである。

相鉄は横浜駅西口の開発にも取り組み、髙島屋との共同出資により1959年10月1日に横浜髙島屋がオープン。1973年11月20日には新相鉄ビル第1期工事が完成し相鉄ジョイナスが開業した。前後する1971年8月1日に新相鉄ビル内に3代目となる現在の横浜駅を使用開始。1974年2月8日に高架4面3線の頭端式ホームの駅改良工事が完成した。改札口は相鉄ジョイナスの1・2階に設置。相鉄ジョイナス内を経て地下1階でJR線と東急線などとを結ぶ中央通路や、みなみ通路と連絡するほか、市営地下鉄とは地下1・2階の連絡口から連絡している。

開業年
1933年12月27日
1日平均乗降人員数(順位)
329,228人(1位)

用語解説 **横浜高速鉄道**
[よこはまこうそくてつどう]

みなとみらい線(横浜〜元町・中華街間)の運営とこどもの国線(長津田〜こどもの国間)を保有する第三セクター鉄道会社。みなとみらい線は横浜みなとみらい21開発に関連して開業した路線で、横浜で東急東横線と接続し直通運転を実施。こどもの国線は第三種鉄道事業者である。

》》都市計画の一環で高架化が完成
》》相鉄本線・星川駅

星川駅は相鉄本線の拠点のひとつである。かつては構内に車両工場があり、移転後は留置線が設けられた。高架化が完成した現在も、当駅の横浜方には留置線が設けられ、日中に他社から乗り入れてきた車両などが車体を休める姿を見ることができる。

開業年
1927年5月31日
1日平均乗降人員数（順位）
26,934人（12位）

地上時代にも留置線があった星川駅は、高架化後も3本の側線が用意されている。日中は東急電鉄の車両が休んでいた。

緩急接続や車両留置などの役割も

　横浜駅を発車した列車は西横浜駅までJR東海道本線と並走、両線が分かれた2つ目に位置する駅が星川駅である。高架2面4線構造で各停と快速が停車、各停と快速が緩急接続するほか、特急の通過待避駅として機能する。4線のうち2線が待避線として用いられており、横浜方、海老名方の双方に両渡り線が設けられ、平日17時台の1本のみだが当駅始発の横浜行き各停が設定されている。また、横浜方に3本の留置線があり、車両の留置などに用いられている。なお、西横浜〜和田町間の管理駅（星川管区）の役割も持ち、運転上の中核駅でもある。

　駅周辺は住宅地が広がっており、商店街は形成されていないものの、複数のスーパーマーケットとホームセンターのチェーン店などが出店している。北口側のうち帷子川を挟んだ駅の対岸は工場跡地を再開発したエリアで、保土ケ谷区役所や警察署、保土ケ谷図書館など、区の公的施設が集まる官公庁街を形成する。また、隣接するエリアには高層の集合住宅などが造成されている。一方の南口側には県

立保土ケ谷公園や神戸緑地など緑地も多く、落ち着いた雰囲気の住宅街となっている。

神中鉄道時代のターミナルとして開業

星川駅が開業したのは神中鉄道時代の1927年5月31日。それまで横浜側が星川（現・上星川）駅までだった同線の延伸に伴う開業で、当初は「北程ケ谷」を名乗り、横浜側のターミナル駅となっていた。現駅名となったのは同線の横浜延伸開業をおよそ半年後に控えた1933年4月1日で、同時に星川が上星川に改称されている。

1971年12月15日のかしわ台工機所完成以後、工場跡地を用いて電留線が設けられ、その後、乗務員の詰所が設けられるなど、運転上の駅としても重要な役割を担うことになった。1999年2月27日には新設された快速の停車駅となっている。

2002年には沿線の踏切事情などの改善をはかった星川～天王町間の連続立体交差事業がスタート。2017年3月5日に下り線が高架に切り替わったのち、翌18年11月23日には上り線も高架化し、同駅の高架化が完了した。同時に駅構内設備のリニューアルも進められ、エスカレーターとエレベーター、多目的トイレなどが新設されたほか、2023年2月2日には新たに東口出口が開設、高架下を用いた商業施設「星天qlay」がオープンしている。今後も同区間の高架下の整備が進められる予定だ。

高架化された星川駅。改札は2階にあり、ホームは3階にあたる。改札口の前や高架下に商業施設が設けられた。

道路を隔ててバスターミナルが整備されている。相鉄バスと横浜市交通局が、横浜駅西口・鶴ヶ峰駅南口などと結ぶ。

用語解説

緩急接続
［かんきゅうせつぞく］

普通列車と急行など、停車駅の異なる種別が運行されている路線で実施されている待避の一形態で、接続追越とも呼ばれる。追い越す列車と追い越される列車がともに停車（客扱い）をし、乗客の相互乗継ぎ＝緩急接続が図られている。速達列車が通過で追越す場合は「通過追越」。

相鉄新横浜線開業で脚光を浴びる
相鉄本線／相鉄新横浜線・西谷駅

相鉄の都心乗り入れを実現した相鉄新横浜線の開業は、相鉄本体だけでなく、西谷駅も大きく変えた。それまでは相鉄本線の一駅に過ぎなかったが、相鉄本線と相鉄新横浜線との乗換駅となったうえに特急が停車するようになり、列車の停車本数も増加した。

東京都心方面と横浜駅方面との乗換駅に

　西谷駅は相鉄本線と相鉄新横浜線との接続駅で、本線の上星川〜鶴ケ峰間と相鉄新横浜線全駅が含まれる新横浜管区に属する全列車が停車し、平日の7時台には55本（横浜方面20本〈このうち始発は6本〉、新横浜方面14本、海老名・湘南台方面21本）が発車する。時間あたりの発車本数としては、相鉄各駅の中で最も多い。また、両線間の乗り換え利用も多く、終日にわたり多忙な駅となっている。なお、2023年3月18日ダイヤ改正以前は、特急が停車する一方で急行が通過するという逆転現象が起きていた。

　駅構造は橋上駅舎を持つ島式2面4線ホームの地上駅で、外側1・4番線が相鉄新横浜線、内側2・3番線が相鉄本線と、系統ごとに運用が分けられている。これは、上り方に渡り線が設けられていないためで、同系統同士の緩急待避にも対応していない。相鉄新横浜線は新横浜側で地下にルートをとり相鉄本線をアンダークロス、そのまま東進し、羽沢横浜国大駅の先でJR直通線は地上に、東急直通線は再びトンネルをくぐる。一方、当駅の下り方には1・2番線間と3・4番

二俣川方の留置線は、西谷駅折返しに使われる。十代目そうにゃんトレインが「YOKOHAMA NAVYBLUE」の9000系と並んだ。

ホームの上空を横切る形で、東海道新幹線の高架が延びる西谷駅。交差地点は新横浜駅から約6kmだ。

線間、および中線間の渡り線のほか、引込み線2線が設けられており、折り返し運転に用いられている。

また、駅のほぼ中央付近で東海道新幹線がオーバークロスしており、駅の外観上の特徴となっている。

急拡大した運転系統をこなす要の駅

西谷駅の開業は神中鉄道時代の1926年12月1日で、当初は西谷停車場を名乗っていた。その後、1966年5月11日に橋上駅舎が完成している。

当駅を起点とする相鉄新横浜線は、2019年11月30日に西谷〜羽沢横浜国大間が部分開業。相鉄本線とJR湘南新宿ラインを経由して埼京線(さいきょう)との相互直通運転が開始されたのち、2023年3月18日に新横浜駅まで全通すると、東急東横線・目黒線などとの相互直通により、東武東上線小川町駅(おがわまち)や都営三田線西高島平駅(にしたかしまだいら)などとの相互直通運転が実施されることとなった。

駅周辺は住宅地を形成し、北口側には区画整理された住宅街もつくられている。丘陵に広がる緑地や農地も目立ち、相鉄線からも郊外らしい車窓が続く。一方で、宅地が駅近くまで広がっていることもあり、北口・南口ともに駅前広場がつくられていない。北口は国道16号に面しており、路線バスなどとの乗り継ぎ利用の利便性向上を図った整備を求める動きがあるものの、2023年7月現在は具体化に至っていない状況だ。

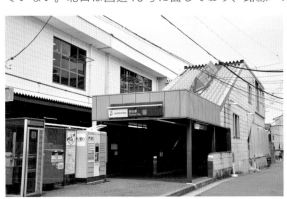

橋上駅舎が1966年に完成した西谷駅。駅前にまで宅地化が進んでいるため、駅前広場の整備は難しい。

開業年
1926年12月1日
1日平均乗降人員数(順位)
24,454人(13位)

用語解説

小川町駅
[おがわまちえき]

東武鉄道東上線とJR東日本八高(はちこう)線が乗り入れる2社の共同使用駅。東上線の運行の境界駅であり、大半の列車が池袋方面と寄居(よりい)方面ともに当駅での折り返し運転となっている(一部、寄居〜森林公園間を直通運転)。ホームは東武が2面4線、JRが1面2線で、ともに複数の側線を持つ規模の大きい駅だ。

》》開業時は東の終着駅
》》相鉄本線／相鉄いずみ野線・二俣川駅

二俣川駅は相鉄本線と相鉄いずみ野線の接続駅で、相鉄における中核駅の
ひとつである。両線相互間の乗換客だけでなく、駅ビルやバスターミナルが
整備されているため下車客も多く、終日にぎわっている。また、二俣川駅構内
（定期券売り場横）には相鉄のグッズストアも出店している。

開業年
1926年5月12日
1日平均乗降人員数（順位）
72,905人（4位）

二俣川駅で相鉄本線と相鉄いずみ
野線が分岐する。海老名方面は外
側を、湘南台方面は内側の線路を
走る。

相鉄本線と相鉄いずみ野線の分岐駅

　起点の横浜駅から帷子川沿いに進んできた相鉄本線は、鶴ケ峰駅付近から南寄
りに進路を変えると、帷子川本流と分かれ支流の二俣川沿いにルートを取る。二
俣川駅はその最初の駅で、相鉄本線と相鉄いずみ野線との分岐駅になっている。
相鉄創成期に設置された駅のひとつで、1926年5月12日に神中鉄道が最初に開
業したのは、厚木～当駅間である。

　相鉄いずみ野線が乗り入れたのは1976年4月8日。同線は当駅～いずみ野間開
業ののち段階的に延伸し、1999年3月10日に湘南台駅までの全線が開業している。

　1970年9月25日に南口の駅ビル「二俣川グリーングリーン」がオープン。当
初は館内にボーリング場が営業するなど斬新な駅ビルで、スーパーマーケットや
専門店を揃え営業を続けてきた。同館は2014年9月30日に閉館したが、後継の
駅ビルとして「JOINUS TERRACE 二俣川」が2018年4月27日に開業。スーパー
マーケット「そうてつローゼン」をはじめファッション雑貨などの専門店や飲食店
などを揃えた複合施設となった。一方、北口の共同ビルでは、1990年7月にショッ

北口は二俣川駅ジョイナステラス2と3、さらに道路を隔てたビルともペデストリアンデッキで結ばれている。

南口は、万騎が原循環や希望ヶ丘駅、鶴ヶ峰駅、東戸塚駅西口行きのバスターミナルが整備された。

ピングセンター「相鉄ライフ二俣川」が開業、こちらは2023年3月24日に閉館ののち「ジョイナステラス3」として同年10月にリニューアルオープンした。

ニュータウンエリアの玄関駅だが郊外の趣きも

　駅構造は橋上駅舎を持つ島式2面4線ホームの地上駅で、駅舎コンコースは南北自由通路として利用されている。各ホームに設けられたガラス壁の待合室は2007年3月から供用されており、当駅が相鉄で最初の導入例となった。橋上駅舎ではあるが、傾斜地に位置するため南口側（ジョイナステラス1側）はコンコースのほうが道路より低い。また北口／南口ともに路線バス乗り場があり、北口の共同ビル1階にあるバス乗り場からは路線バスのほか、羽田空港行きの高速バスが発着している。

　上り方面・下り方面の双方向に渡り線が設置され、相鉄本線と相鉄いずみ野線双方の直通を可能にしている。相鉄いずみ野線は内側2線で、海老名側で相鉄本線の下り線が相鉄いずみ野線をアンダークロスし上り線と合流する。横浜側には引上線が2本設けられ折り返し運転に用いられているが、線形の都合で引上線は内側2線（2・3番線）発着列車のみの運用となっている。

　駅周辺は早くからニュータウンの開発が進んでおり、広範な住宅地を形成。一部に高層ビルが見られるほかは戸建てや低層の集合住宅が多い。南口側は丘陵地にこども自然公園や南本宿公園など緑地が点在している。

用語解説

羽田空港
[はねだくうこう]

正式名称は東京国際空港。成田国際空港と並ぶ首都圏の空の玄関であり、国内外を結ぶハブ空港としても機能。日本を代表する空港のひとつである。東京都大田区の東京湾岸に位置し、鉄道路線としては東京モノレールと京浜急行電鉄が乗り入れるほか、3線目の空港連絡鉄道の構想がある。

地上は小田急線、地下は相鉄線 相鉄本線・大和駅

相鉄は他社線と接続する駅がそれほど多くない。大和駅はそうした数少ない接続駅のひとつで、小田急江ノ島線との乗り換えはわかりやすい。それは相鉄・小田急とも乗り継ぎを考慮して駅を設けたためである。地下に相鉄のホームがあり、駅周辺は商業施設や住宅地が広がる。

小田急江ノ島線との接続駅

　二俣川駅から先、やや北寄りに進路を取った相鉄本線は住宅地を貫くように西進、やがて地下に入り、小田急電鉄江ノ島線との交差点にあるのが大和駅である。相鉄と小田急との共同使用駅で、地下1階に1面2線の相鉄ホーム、高架に小田急の2面4線ホームが展開する。相鉄駅の海老名方には引上線があり、折り返し列車などに用いられている。

　1階コンコース北側改札口を「相鉄口」、南側改札口が「小田急口」として会社ごとに管理している。いずれの改札口でも両社のきっぷが購入できるほか、利用会社に関係なく双方の改札を利用することが可能だ。また、改札内に両社間の中間改札が設けられており、乗り継ぎの便が図られている。この中間改札は相鉄新横浜線開業を受け、複雑化する経路の判別に対応するため、開業に先立つ2018年3月17日に設置された。

相鉄本線と小田急江ノ島線が十字に交差する大和駅。大和なでしこ広場は駅の西側、位置的に相鉄本線の上にある。

開業年
1926年5月12日
1日平均乗降人員数（順位）
102,714人（2位）

相鉄線と小田急線の接続駅であることから、駅舎の入り口には両社のロゴが併記されている。

相鉄本線と小田急江ノ島線の間には中間改札があり、乗り換えはスムーズに行える。

高架下の小田急マルシェ大和と、大和駅ビル「プロス」内では飲食店や美容室などが営業中だ。

度重なる改修を遂げ、発展してきた駅

開業は1926年5月12日、神中鉄道の大和駅としてスタートしたのち、1929年4月1日に小田急江ノ島線に西大和駅が開業している。両線の乗換駅になったのは1944年6月1日で、小田急側を大和駅に改称した上で、相鉄駅を海老名側に約250m移動させて乗り継ぎなどを考慮した駅位置の調整が実施された。

1958年6月には放火による相鉄駅舎全焼事件が発生したが、駅舎は再建。その後の増築も実施されたなか、利用者増や駅周辺道路の混雑を改善するため、1986年から駅周辺連続立体交差工事に着手した。それに伴い相鉄本線が地下化されたのは1993年8月1日で、翌94年11月1日に小田急側の工事が竣工したことにより、リニューアルが完了している。なおこの事業では、相鉄駅を旧駅付近に一時移動させるなど、大規模な工事となった。また、相鉄本線の地下化とともに生じたスペースを活かし、駅前広場が整備されている。

駅周辺は商業地や住宅地が形成されているほか、公的機関の事務所が置かれるなど都市化が著しい。一方、南西側には海上自衛隊・米海軍の厚木航空基地が広がっている。

用語解説　小田急電鉄　[おだきゅうでんてつ]

大手私鉄のひとつで、鉄道路線は小田原線（新宿〜小田原間）と江ノ島線（相模大野〜片瀬江ノ島間）、多摩線（新百合ヶ丘〜唐木田間）を運営、多摩線を除く2線が相鉄と接続している。観光需要にも力を入れており特急「ロマンスカー」は同社の代名詞的存在だ。

》》 小田急線へ乗り入れるために開業
》》 相鉄本線・海老名駅

相鉄本線の終点である海老名駅は、小田急小田原線、JR相模線と接続する。小田急線とは同じ駅ビル内に改札口を構え、乗り換えはスムーズだ。もともと小田急線への直通を目的に開業した駅で、ホーム上から小田急線のホームや車両基地がよく見える。

相鉄・小田急・JR東日本３社の接続駅

　大和駅から先の相鉄本線は、厚木航空基地をかすめながら西進、構内に車両基地と車両検修施設を兼ねた車両センターを持つかしわ台駅を経て、終点の海老名駅を目指す。かしわ台〜海老名間にある相模国分信号所で貨物専用の厚木線を分岐、小田急電鉄海老名検車区を右側に望みながら海老名駅に着く。

　海老名駅は相鉄本線のほか、小田急小田原線とJR相模線の３社路線の乗換駅となっている。相鉄本線の前身である神中鉄道は、1926年５月12日に二俣川〜厚木間を開業。1941年に小田急線への直通を目的に、相模国分〜海老名間の連絡新線と合わせ海老名駅を開業させている。東京急行電鉄時代の小田急線との連絡駅になったのは1943年４月１日である。小田急の海老名駅は小田原急行鉄道時代の小田原線全線開業時（1927年４月１日）に開業していたものの、旅客営業開始まで16年のブランクがあったことになる。

　一方、JRに海老名駅が設置されたのは、旧国鉄時代末期の1987年３月21日。相鉄・小田急駅とは約200m離れており、両駅間を結ぶ自由通路が整備されている。

▲2018年ごろから駅舎の改良工事が行われ、デザインブランドアッププロジェクトに基づき壁面にレンガが使用されている。◀海老名駅を発車する11000系。左側に小田急海老名駅と海老名電車基地が見える。

　相模国分で分岐する厚木線は、相模国分～厚木間を結ぶ路線で、相模線の前身である旧・相模鉄道を含めた相鉄の歴史を伝える路線ともいえるだろう。1941年11月25日までは旅客列車も運行されていたが、その後は貨物列車のみの営業となっている。

駅周辺を含む再開発が進む

　相鉄の駅舎とホームは乗り入れ3社中、最も南側に位置しており、1面2線の頭端式ホームを持つ地上駅となっている。出改札口は頭端側にあり、他社線との乗り継ぎは2階連絡通路を利用、連絡改札口等は設けられていない。現在、駅の大幅リニューアル工事が進められており、2023年3月から、北口改札が使用開始となっている。

　なお、小田急は相鉄に隣接する2面4線ホームを持ち、特急「ロマンスカー」の一部が停車する。JRは1面2線ホームの地上駅で、橋上駅舎にはみどりの窓口も設けられている。

　駅周辺は比較的近年になってから開発が進み、相鉄側の東口に「ビナウォーク」、西口に「ららぽーと海老名」などの複合商業施設や高層ビルが立地しているほか、相鉄・小田急～JR間の敷地を活かした再開発が進み、複合商業施設や住宅のほか海老名市文化会館や海老名市中央図書館などの公共施設がある。そのほか、駅周辺には農地も多く、一部で土地利用の事業化が検討されている。

相鉄駅前に当たる東口はバスターミナルが整備され、さらに東側にショッピングモールが広がる。

開業年
1941年11月25日
1日平均乗降人員数（順位）
98,040人（3位）

相鉄グループが開発した街の玄関
相鉄いずみ野線・緑園都市駅

両側をトンネルで挟まれた緑園都市駅は、相鉄グループが開発した街の玄関となる駅である。相鉄はここに宅地を造成するほか、大学などの教育機関の誘致も盛んに行い、朝ラッシュ時に当駅を出発する需要だけでなく、当駅に到着する需要も増やしていった。

開業年
1976年4月8日
1日平均乗降人員数（順位）
20,225人（17位）

相鉄グループが開発した緑園都市の玄関である緑園都市駅は2階にホーム、1階に駅施設が設けられている。

緑に恵まれたニュータウンの玄関駅

　二俣川駅で相鉄本線から分岐した相鉄いずみ野線は、南寄りにルートをとると、ほどなく地下トンネルを通過する。相鉄いずみ野線はトンネルや掘割が多いのが特徴で、全線中7カ所のトンネルがある。東海道新幹線とアンダーパスで交差するとまもなく南万騎が原駅に到着。再び地下トンネルを経て緑園都市駅に着く。

　緑園都市駅は相鉄いずみ野線第1期開業区間の駅として1976年4月8日に開業。周辺に開発されている緑園都市住宅地などの玄関駅として利用されている。万騎が原トンネルと岡津トンネルの間に位置し、起伏に富む地形の関係で駅前後に続く掘割区間の中間の高架区間に、相対式2面2線ホームの駅が設けられている。駅前は東口・西口ともに広場とロータリーが設けられ、歩道を並木道としたほか花壇を設けるなど「緑園都市」の名に相応しいつくりだ。

　駅周辺は住宅地となっており、丘陵地の地形を活かして造成されたなかに戸建て住宅が立ち並ぶほか、駅東口側には高層集合住宅群「サンステージ緑園都市」が形成。相鉄ライフ緑園都市の中にはそうてつローゼンも入店しており、駅前を

中心に商業施設が点在している。また、フェリス女学院大学緑園キャンパスや神奈川県立横浜緑園総合高校など教育機関が立地し、通学生の利用も多い。

ホーム上から散策できる庭園展望台がユニーク

開業後の1987年には駅全体のリニューアルを実施。「都市機能を取り込んだコミュニティ空間」をコンセプトに、利用者からのアイデアを募るなど時代の変化に沿った駅づくりが進められた。

同87年7月27日に竣工した新駅舎は、駅窓口をオープンカウンターとし、利用者と駅員との潤滑なコミュニケーションが図られた。また、ホームの外側にキョウチクトウやサツキなどを植栽した庭園展望台を設けて利用者に開放。このスペースは待避設備を設けられるように確保されていたもので、上りホーム側の一部は保線用機器の待避に用いられている。

さらに、ホーム上屋をドーム状にするとともに、ホームにガラス張りの防風壁を設置。駅舎内にギャラリーやステージなどを設けたほか、改札口まわりに鉢植えを置くなど緑園都市の玄関として進化を遂げている。

その後も改装が実施され、2001年3月24日には駅上屋の延伸工事が完成、雨天時などの快適性が向上されている。

2023年7月現在の停車列車は各停と快速が中心で、平日の朝方のみ上り通勤急行が発着している。

2面2線の両ホームに庭園展望台があり、列車待ちの間に散策できる。

東急線へ直通する20000系が緑園都市駅の上りホームに到着。

用語解説 キョウチクトウ

インド原産の常緑樹で、和名のキョウチクトウは中国語の夾竹桃に由来。生命力の強い植物としても知られ、日本では工業地帯や都市幹線道路沿いなどの街路樹としても広く植栽されている。花は中国名に桃が含まれるとおりピンク系統が多いが、白や赤い花もみられる。

横浜市泉区の中核駅
相鉄いずみ野線・いずみ中央駅

相鉄いずみ野線延伸工事の第2期に開業したいずみ中央駅は、駅名の通り横浜市泉区の中核に位置づけられる。相鉄グループが開発した住宅地の玄関として駅はあり、駅ビルにはスーパーマーケットをはじめ、区民文化センターなど、地域の生活に役立つ商店・施設が入居する。

2階にホームが設けられたいずみ中央駅。1階は駅施設に並んで商業施設がある(右)。

相鉄いずみ野線初期の終着駅

　相鉄いずみ野線は1976年の二俣川〜いずみ野間の開業を含め、3期にわたり延伸開業しており、いずみ中央駅は2期目の1990年4月4日に開業を迎えている。緑園都市駅以西の沿線は、新興住宅地が開発されている一方で田畑や緑地も目立ち、郊外らしい風景が続く。いずみ野駅を出ると高架となるとともに南寄りにルートを取り、並行して流れる和泉川と接近した位置にいずみ中央駅がある。

　3階部分に島式1面2線ホームを持つ高架駅で、西側に駅ビル「相鉄ライフいずみ中央」を併設、2階に改札口が設けられている。駅ビル内にはスーパーマーケット「そうてつローゼン」のほか飲食店やドラッグストア、レンタル収納スペース「ものおき屋」などが営業中。また、同じビルの3階には横浜市泉区民文化センター「テアトルフォンテ」などが入居している。

　特筆されることとして、相鉄各線で初めて導入されたホームエレベーターと多目的トイレが挙げられる。開業時には相鉄サービスセンター「グリーンぽけっと」も開設されたが、こちらは2000年に営業を終えている。また、駅ビルのほか駅構内コンコースにも飲食店などが営業中だ(改札外からのみ入店可)。

2023年7月現在、各停と快速のほか、平日朝方の上りのみ、横浜行き通勤急行が停車している。

史跡や親水公園など市民の憩いの場も豊富

ニュータウン開発が著しい相鉄いずみ野線沿線だが、当駅周辺は駅南側に造成されたいずみ中央住宅地などの新興住宅地が展開する一方で、明治期などに集落や街道（長後街道、県道22号）が開かれた歴史がある。現在もこの地域の中心地であり、駅北側には泉区役所や横浜市泉公会堂などの公共施設が立地している。

都市開発が進むなか、高層集合住宅や工場なども点在するが、駅東側に流れる和泉川に沿って並木道が続き、緑を活かした街づくりがなされているのも特徴といえそうだ。和泉川は国土交通省主催の「ふるさとの川整備事業」に指定されており、川畔広場を活かした親水公園「地蔵原の水辺」や桜並木などが整備され、市民の憩いの場となっている。

また、駅の南東側にある和泉中央公園には鎌倉時代の1213年に北条義時（ほうじょうよしとき）に反旗を翻した「泉親衛の乱（いずみちかひらのらん）」にちなむ言い伝えや、ときの武士の館といわれる城跡

「泉小次郎親衛館」などの伝承地が残されており、歴史散策に訪れる人もみられる。

駅の東側は親水公園「地蔵原の水辺」が広がる。憩いの場所であるだけでなく、子どもたちの遊び場にもなっている。

開業年
1990年4月4日
1日平均乗降人員数（順位）
14,644人（19位）

用語解説

北条義時
［ほうじょうよしとき］

平安末期から鎌倉時代初期にかけて存命（1163〜1224年）した武将で、鎌倉幕府の第二代執権を務めた。文中で触れた泉親衛の乱は、鎌倉幕府御家人だった泉親衛が源頼家（みなもとのよりいえ）の遺児である千寿丸（せんじゅまる）を鎌倉殿に擁立し、北条義時の打倒をはかった合戦など一連の事件を指す。

相鉄で唯一、藤沢市に位置する 相鉄いずみ野線・湘南台駅

相鉄いずみ野線の終点、湘南台駅は小田急江ノ島線、横浜市営地下鉄ブルーラインが接続する。それぞれの改札口は地下1階の自由通路に設けられ、乗り換えはスムーズだ。藤沢市北部の拠点として駅周辺は開発が進み、駅前からは路線バスの発着も多い。

3社局線が接続する相鉄いずみ野線の終着駅

いずみ中央駅付近の市街地を抜けると、次のゆめが丘駅の前後区間は農地や開発途上の整地が目立つ郊外らしい様相となる。ゆめが丘駅を過ぎるとほどなく東側から横浜市営地下鉄ブルーラインが接近、並走して境川を越えると相鉄いずみ野線は地下へと進んでゆく。やや遅れてブルーラインも地下に入り、ともに終点の湘南台駅に着く。

湘南台駅は相鉄いずみ野線と横浜市営地下鉄ブルーライン、小田急江ノ島線の3社局線が乗り入れる接続駅である。1966年11月7日に小田急江ノ島線の駅として開業したのち、1999年3月10日に相鉄いずみ野線が、同99年8月29日にブルーラインがそれぞれ延伸開業している。

先行して開業していた小田急線と直角に交わるように相鉄いずみ野線とブルーラインの駅が位置している。出改札は各社局とも地下1階の東西自由通路に設置。通路と広場は公道扱いのため24時間通行が可能だ。相鉄いずみ野線は地下3階に1面2線ホーム、ブルーラインは地下2階に同じく1面2線ホーム、小田急線

湘南台駅の相鉄改札口。3社局が集まる当駅はコンコースが地下にあり、改札を出て平面移動すると乗り換えができる。

海老名駅と同様にデザインブランドアッププロジェクトに基づいて、構内の壁面はレンガが使用されている。

は2面2線の地上駅となっている。いずれも独立して設けられており、自由通路を介しての乗り継ぎとなる。

駅前は商業施設が集積する湘南台駅。駅の入り口は地下鉄のような趣である。

駅周辺には複数の文化施設が集まる

　駅が設けられている湘南台は藤沢市北部の中核エリアで、平安時代末期に荘園が設けられた古い歴史のある地域である。区画整理が進行したのは1962年ごろからで、事業が進むなかで小田急江ノ島線の湘南台駅が誕生。当時の地名は円行であり、1984年に一部地域が駅名に合わせて「湘南台」に変更された。

　宅地開発と合わせて企業や学校など誘致が進行。いすゞ自動車などの企業が事業所を構えるほか、慶應義塾大学湘南藤沢キャンパスが1991年に開設されている。

　駅周辺では商業地が形成されるとともに体育館や図書館など文化施設の建設も進み、1990年7月に完成した複合施設・藤沢市湘南台文化センターは、建築家・長谷川逸子氏の設計による地球儀をモチーフにした球状の建物が並ぶユニークな施設として注目を集めた。プラネタリウムなどを備えた宇宙劇場を持つこども館や円形舞台のホールなどからなる市民シアターなどが人気を呼んでいる。

　また、毎年10月に開催されている「藤沢市民まつり湘南台ファンタジア」は、サンバカーニバルや地元の湘南台高校吹奏楽部などによるパレード、ステージイベントなどでにぎわう人気イベントとなっている。

> 開業年
> **1999年3月10日**
> 1日平均乗降人員数（順位）
> **24,105人（14位）**

| 用語解説 | 荘園 [しょうえん] | 古代から中世にかけてあった制度で、公家や武家などときの権力者が領有した土地を指す。墾田永年私財法が発布された743年ごろから太閤検地が執り行われた1580年以降まで存続していた。本文で触れた荘園は大庭御厨（おおばみくりや）で、1104年ごろに鎌倉景正（かまくらかげまさ）が開き伊勢神宮に寄進された。 |

JRの貨物駅に隣接する
相鉄新横浜線・羽沢横浜国大駅

「都心直通プロジェクト」の一環として開業した羽沢横浜国大駅は、横浜市の鉄道空白地帯に生まれた駅でもある。相鉄新横浜線の開業により東京都心と直結したことから、駅周辺は再開発が計画され、これから注目されるエリアになるだろう。

開業年
2019年11月30日
1日平均乗降人員数(順位)
29,336人(11位)
※通過人員(25,571人)を含む。

羽沢横浜国大駅の外観はグレーでまとめられた。駅前の交通量が多い道路は環状2号線で、東へ進むと新横浜に至る。

相鉄～JRルートと接続する新横浜線第1期の開業駅

　2019年11月30日、相鉄新横浜線が部分開業し相模鉄道とJR東日本との間で相互直通運転がスタートした。かねてから「都心直通プロジェクト」として計画が進められてきたその第一陣の開業である。羽沢横浜国大駅はその際に開業した駅で、両社線の接続駅となっている。JRの貨物駅である横浜羽沢駅に近設し、当駅からJR線へは東海道貨物線を経由し、鶴見～東神奈川間で東海道本線に合流。湘南新宿ラインを経由し、相鉄本線～新宿方面で相互直通運転が実施されている。

　2023年3月18日には当駅～新横浜間が開業。東急新横浜線などを経由し、東武東上線小川町(おがわまち)駅や都営三田線西高島平(にしたかしまだいら)

羽沢横浜国大駅の裏手にJR貨物横浜羽沢駅が隣接する。貨車を牽引してきたEF210形が単機で離れていった。

駅、埼玉高速鉄道浦和美園駅まで直通列車が運行されている。

　2023年7月現在、JR直通は特急と各停（普通）の設定（JR線内はすべて各停）で、1時間あたり最大4本を運行。一方の新横浜経由は1時間あたり最大11本で、各停のほか特急と通勤特急が設定されている（東急線内では、種別が変更となる場合がある）。直通運転の効果は大きく、湘南台〜渋谷間で比較すると、横浜経由だと1時間18〜25分前後（通勤急行または通勤特急と、横浜から東急東横線またはJR湘南新宿ラインを経由）なのに対し、現行では新横浜経由で最速51分（通勤特急）と格段に所要時間が短縮している。

利用者数が伸びるなか再開発計画も進む

　駅1階が出改札口で、地下1階に2面2線ホームを持つ。相鉄とJR東日本との共同使用駅だが、管理や案内などについては相鉄が担当している。JRの窓口は設置されておらず、近距離の乗車券は自動券売機で購入できるが、長距離乗車券、特急券・企画乗車券などを購入する場合は、駅係員に申し出て、武蔵小杉駅のみどりの窓口を利用する場合に限り、無賃で送迎が行われる。

　2022年度の乗降人員は1日あたり29,336人で、相鉄全駅中第11位の規模となっている（72ページ参照）。

　駅の東側には横浜羽沢駅のヤードが広がっており、歩行者用の跨線橋が設けられ

相鉄とJRの境界駅だが相鉄が管轄するため、駅の構造は相鉄の様式でつくられた。

ている。駅周辺は西谷駅側を中心に住宅地が形成されている一方で農地や緑地も多い。近隣の施設としては、駅名にもなっている横浜国立大学の常盤台キャンパスがあり、当駅開業によって通学の便が改善された。また、開業を受けて駅周辺では再開発が進められており、タワーマンションの建設計画などが伝えられている。

用語解説

湘南新宿ライン
[しょうなんしんじゅくらいん]

都心を経由する多線区直通ルートのひとつで、2001年12月1日開業した。山手貨物線の田端〜大崎間経由で、東北本線〜横須賀線間および高崎線〜東海道本線間の直通運転が実施されている。羽沢横浜国大駅からのJR直通列車は、鶴見を経由して本線に合流し新宿などに至る。

SOTETSU **29**

≫ 1位は横浜、2位は大和…
≫ 利用客の多い駅、少ない駅

大手私鉄16社の中で最も営業キロ数が短い相模鉄道は、旅客駅の数でも最少である。しかし、年間輸送人員では、相鉄より少ない私鉄もあり、キロ数が短いわりに健闘している。大ターミナルである横浜に乗降人員は集中するが、そのほかの駅はどのくらいの数を計上するのだろうか。

他社局路線との接続駅が利用者数トップ3を占める

　2023年10月現在の相模鉄道の旅客営業駅は27駅で、2022年度の利用状況の公式データを公表している。2023年に開業した新横浜駅については、14日分の1日平均を算出したものである。

　それによれば、1日平均の乗降人員が最も多いのは横浜駅で、329,228人に及ぶ。これはJRを除く各社局の横浜駅乗降人員数で最も多く、年度をさかのぼっても筆頭を維持してきた。次点は東急電鉄の308,749人、さらに京浜急行電鉄の275,692人と続く。JRは乗車人員で340,536人（相模鉄道の同年度乗車人員は164,843人）で、52ページで触れたとおり、新宿・池袋・東京に次ぐ第4位の利用状況となっている。

　相鉄の第2位は大和駅の102,714人。接続する小田急江ノ島線の乗降人員も相鉄とほぼ近い107,131人で、小田急全70駅中第11位と、ともに利用者の多い駅である。続く海老名駅は相鉄本線の終着駅であるとともに、小田急小田原線およ

相模鉄道1日平均各駅乗降人員(2022年度　単位：人)

順位	駅名	所属路線	乗降人員数	順位	駅名	所属路線	乗降人員数
1	横浜	相鉄本線	329,228	15	上星川	相鉄本線	21,870
2	大和	相鉄本線	102,714	16	天王町	相鉄本線	21,625
3	海老名	相鉄本線	98,040	17	緑園都市	相鉄いずみ野線	20,225
4	二俣川	相鉄本線／相鉄いずみ野線	72,905	18	かしわ台	相鉄本線	16,232
5	鶴ケ峰	相鉄本線	51,322	19	いずみ中央	相鉄いずみ野線	14,644
6	三ツ境	相鉄本線	49,177	20	和田町	相鉄本線	14,530
7	新横浜※	相鉄新横浜線	38,147	21	西横浜	相鉄本線	13,843
8	瀬谷	相鉄本線	37,765	22	弥生台	相鉄いずみ野線	13,365
9	さがみ野	相鉄本線	31,752	23	相模大塚	相鉄本線	13,230
10	希望ケ丘	相鉄本線	29,877	24	いずみ野	相鉄いずみ野線	11,898
11	羽沢横浜国大※	相鉄新横浜線	29,336	25	南万騎が原	相鉄いずみ野線	9,854
12	星川	相鉄本線	26,934	26	平沼橋	相鉄本線	8,294
13	西谷	相鉄本線／相鉄新横浜線	24,454	27	ゆめが丘	相鉄いずみ野線	2,227
14	湘南台	相鉄いずみ野線	24,105				

※羽沢横浜国大駅は通過人員（25,571人）を、新横浜駅は14日分の1日平均で通過人員（18,164人）を含む。
『相鉄グループ要覧2023-2024』より作成。

び JR 相模線と接続する乗継駅。こちらも小田急が同社内第 6 位（123,222 人）、JR 東日本は 12,839 人（乗車人員）と他 2 社と差が生じているものの、相模線の途中駅としては最多となっている。

　相模鉄道のトップグループは、さらに二俣川駅、鶴ケ峰駅と続く。2023 年 3 月 18 日に開業した新横浜駅は 2022 年度中の営業日がわ

相鉄の旅客駅全 27 駅中、最も乗降人員が少ないゆめが丘駅だが、泉ゆめが丘土地区画整理事業が決まり、開発が期待されている。

ずか 14 日しかなかったが、1 日平均乗降人員は 38,147 人で、2023 年度のデータでは上位に食い込むのは間違いなさそうだ。また、同じ相鉄新横浜線の羽沢横浜国大駅も 29,336 人と第 11 位につけている。

発展途上にあるいずみ野線

　続いて少ない駅はというと、相鉄いずみ野線のゆめが丘駅が 2,227 人で最下位となっている。26 位の平沼橋駅は 8,294 人なので、ひと駅のみが大きく水を開けられている形だ。ゆめが丘駅に近接して横浜市営地下鉄ブルーラインの下飯田駅があるが、こちらは 5,864 人と差をつけられている状況。これは宅地開発が下飯田駅側から進んできたことも影響しているのかもしれない。ただし、新型コロナウイルス禍の落ち込みを除けば増加傾向にもあり、今後の周辺地域の開発によっては利用者が拡大してゆく可能性がある。

　平沼橋駅に次ぐ 25 位は南万騎が原駅の 9,854 人。周辺のニュータウン開発は完了しており、今後の大幅な利用者増については不透明だが、戸建てや小規模な集合住宅メインの街づくりにより、過度な混雑を避けた落ち着いた環境が保たれているのは魅力かもしれない。当駅を含め、現状では下位グループに相鉄いずみ野線が目立つが、今後の開発などによって実績に変化が出てくる可能性もある。

用語解説	平沼橋駅 [ひらぬまばしえき]	相鉄本線の横浜に隣接する駅で、神中鉄道時代の 1931 年に開業し、横浜延伸を果たした 1933 年 12 月まで始発駅であった。駅は鉄道省（国鉄→JR）線の平沼駅跡に設けられたもので、のちの複線化の際も国鉄用地を用いている。JR 線と本線の下り線を跨ぐ架線柱がその歴史の証人だ。

戦時中の休止から再開した天王町駅

駅周辺は旧東海道の宿場町

　太平洋戦争末期の1945年5月29日、米軍が横浜市中心エリアを強襲した無差別爆撃は、一般住民を中心に1万人規模の死者を出す大惨事となった。横浜大空襲である。

　米軍の攻撃目標は軍事施設ではなく、国鉄東神奈川駅や平沼橋、横浜市役所などで、相模鉄道の天王町駅舎もまた爆撃によって焼失、駅そのものの休止を余儀なくされた。終戦後の1947年に駅再建や駅新設などを視野に入れた増資が実行され、翌48年5月31日に天王町駅が再建、およそ3年ぶりに営業が再開している。

　天王町駅付近は旧東海道の保土ケ谷宿にあたる歴史のある地域である。駅北口前から延びる細い路地が旧東海道で、商店街を抜けると帷子橋が架かっている。南口の天王町駅前公園には旧帷子橋（保土ケ谷新橋）跡などが保存されているが、これは帷子川の流路が改変されたその名残りだ。

　駅開業は1930年9月10日。1960年10月1日に自動券売機が導入されたが、これが相鉄で最初の券売機となった。また、1968年3月27日に相鉄本線唯一の高架駅（当時）となったことも特筆できるだろう。

　その後、都市開発とともに星川駅との間に連続立体交差事業が進められ、2018年11月23日に高架線の全線開業を迎えている。

▲ホームは高架の2面2線で、上り・下りの列車が同時に到着する機会も多い。

◀空襲被害を乗り越え、旧宿場町の玄関としてよみがえった天王町駅。

CHAPTER 4　第4章

相模鉄道の
車両がわかる

相鉄本線の前身である神中鉄道は、開業時に蒸気機関車が客車や貨車を牽引していた。やがて気動車が投入され、電化の後に電車が主役となった。直角カルダン駆動の電車を多数導入した相鉄だが、コスト削減と都心への乗り入れを見据えて、共通仕様の電車が増えている。

SOTETSU **30**

》》東急との相互直通運転を担う新鋭車両 20000系・21000系

相鉄における近年の大きな話題としてまず挙げられるのは、相鉄・東急直通線事業で、相鉄・JR直通線に続き、2社目の相互直通運転が実現することになった。この発展に向けて導入された新型車両のうち、トップを切って2018年にデビューを飾った車両が20000系である。

▲車内は明るいグレー基調でまとめられ、一部にユニバーサルデザインを採用したシートを配置する。◀相鉄・東急直通線対応の20000系第1編成。2019年に鉄道友の会「ローレル賞」を受賞した。

東京都を経て埼玉県まで広域に活躍する先進的な電車

　20000系は新たに始まる他社線直通運転のうち東急東横線、およびその先の東京メトロ副都心線への乗り入れに対応した電車で、相鉄グループが2013年から展開中の「デザインブランドアッププロジェクト」初の新造車両となった。

　車体は日立製作所によるアルミ合金ダブルスキン構造の「A-train」を基本とした20m級で、独自の外観および内装のデザインを加えている。前面は左右非対称で、非常口として使用する扉がある。また、乗り入れ先の要件に合わせ、車体幅は2,770mmとしたため、側面は垂直で裾が絞られていない。塗装は「YOKOHAMA NAVYBLUE」で、これも新造車で初となった。走行メカニズムではSiC素子を用いた回生ブレーキ付きのVVVFインバータ制御など最新の仕様で、日立製の車両情報制御装置Synaptraも採用された。最高運転速度は相鉄線内が100km/hで、東急線内では110km/h走行が可能。

　車内はオールロングシートで、荷棚や袖仕切に透明なガラスを用い、中央部の天井を高くしたこととあわせ、明るく開放的な印象である。そして、かつて相鉄

の車両に普及したものの10000系以来途絶えていた鏡がひさびさに採用され、各車に1カ所ずつ備わっている。また、車椅子スペースの向かい側にはユニバーサルデザインシートが採用された。これも相鉄初で、座面が高く奥行きが短く手摺りが備わり、着席と立ち上がりが楽にできる。

乗り入れ先の路線に対応して2系列がラインナップ

　東急東横線直通用の20000系は10両編成で、2018年に「グッドデザイン賞」、翌19年に鉄道友の会「ローレル賞」を受賞した。

　一方、東急目黒線および、その先の東京メトロ南北線と埼玉高速鉄道埼玉スタジアム線、都営地下鉄三田線への乗り入れに対応する電車は東横線と要件が異なるので、それに対応した仕様の車両として2021年に21000系が登場した。

　現時点で相鉄最新の電車である21000系は、20000系をベースとして車体の基本形状や「YOKOHAMA NAVYBLUE」の塗装などを踏襲しつつ、独自の要素も持つ。編成は8両で、車内の優先席や車椅子スペースの配置を、目黒線で従来から運用中の車両と揃えている。そして、2023年の直通運転開始までに乗り入れ先で行うワンマン運転に備え、ホーム監視用モニターなどの機器も搭載された。なお、ワンマン運転対応は20000系にも施されている。

　2023年5月現在で20000系は10両編成7本、21000系は8両編成9本が在籍している。

東急目黒線直通用の21000系は、20000系が10両編成であるところを8両編成とした。

●20000系・21000系の主要諸元

車体材質	アルミニウム
製造初年	2018年
設計運転速度	120km/h
最大寸法（長さ×幅×屋根高さ）	20,470×2,787×4,080mm
主電動機	三相かご形誘導電動機
制御装置	VVVFインバータ制御

用語解説　ダブルスキン構造 [だぶるすきんこうぞう]

アルミ合金製で段ボールのように二重に間に補強がある部材を、車体に用いたもの。その部材は「押出成形」という工法で作る。単なる板材より剛性が高く、骨組を省くことができる。これにより製造工程がシンプルになり、突起がないため広い室内スペースも確保される。

SOTETSU 31

》》相鉄で最初に東京都心方面との 相互直通運転を果たした　12000系

2019年11月、相鉄・JR直通線が開業して待望の東京都心方面への相互直通運転が始まった。そのために導入された新型車両が、JR東日本の規格を採り入れつつ自社のアイデンティティも誇らしげな12000系である。直通開始に先行する形で同19年4月に自社線内で営業運転デビューした。

ゆったりした幅広車体でJR東日本線へ直通

　他社線直通用としては20000系に続いての登場となったが、内容が大きく異なり独自の個性が感じられる。車体はステンレス製で、総合車両製作所が開発した「sustina S24シリーズ」が採用されている。軽量で安全性が高められ、組立にレーザー溶接技術を用いたため表面に凹凸のないのも特徴。20m級の10両編成で、相鉄およびJR東日本の規格に合わせ車体幅は2,950mm、側面の裾が絞ってある。20000系および21000系と同様、「デザインブランドアッププロジェクト」のコンセプトで外観と内装がデザインされた。

　前面は曲面を用いた造形で大きな1枚の窓ガラスを配し、狭隘なトンネルには乗り入れないので前面に貫通扉はない。中央の下部に格子状の部分がある前面のデザインは、能面の「獅子口」をイメージし、先進性と日本の伝統が調和している。

12000系はJR線直通用車両。20000系と異なり、狭隘なトンネルは通過しないため、非貫通型先頭車である。

ステンレス製車体を塗装、相鉄のアイデンティティは健在

　鉄道車両のステンレス車体は、塗装せずに銀色に輝いているものが多いが、12000系は「YOKOHAMA NAVYBLUE」に塗装されて相鉄のアイデンティティを強調している。深みがある色調でマイカを配合した塗料を用い、「sustina S24シリーズ」の平滑な車体表面がひときわ美しく見える。

　走行関係のメカニズムは、2006年からJR東日本で運用中のE233系に準じたスペックで、制御にはIGBT素子のVVVFインバータを使用。これは11000系とも共通である。先に登場した20000系より一世代前にあたるが、乗り入れ先のJR東日本埼京線ではE233系が運用されており、それと共通のシステムは運転やメンテナンスの取扱い面でのメリットが多い。最高運転速度は相鉄線内では100km/hだが、JR線内では120km/hで走行ができる。

　車内はガラス製の袖仕切など20000系と共通の要素が多い。車椅子スペースの向かい側はユニバーサルデザインシートで、その頭上には荷棚がある。また、走行中の前方監視および車内の防犯用のカメラが、相鉄で初めて設置された。

　2019年11月の相鉄・JR直通線開通で、相鉄初の東京都心方面への相互直通運転を開始した12000系は翌20年2月まで増備され、10両編成6本が揃っている。また、同20年にグッドデザイン賞を受賞した。通常の運用範囲は池袋までで、都心部の地上を走る「YOKOHAMA NAVYBLUE」の電車の存在感は格別である。

JRの車両基地で撮影会に臨む。左から相鉄12000系、JR東日本E233系、東京臨海高速鉄道70-000形。

●12000系の主要諸元

車体材質	ステンレス
製造初年	2019年
設計運転速度	120km/h
最大寸法(長さ×幅×屋根高さ)	20,000×2,998×4,016.5mm
主電動機	三相かご形誘導電動機
制御装置	VVVFインバータ制御

用語解説

埼京線
[さいきょうせん]

山手線貨物線と赤羽線、新設区間を合わせて大崎と大宮を結ぶ路線。1985年に池袋～大宮間で開業したのち、新宿、恵比寿と延伸され、2002年に大崎まで到達した。大宮から川越線、大崎から東京臨海高速鉄道りんかい線へ直通する。相鉄との直通では、大崎～羽沢横浜国大間で東海道本線の貨物線を経由する。

新たな標準車両の基礎を確立 11000系

相鉄では2002年にJR東日本E231系をベースとした10000系を導入した。その E231系が E233系へと進化したのと同様、モデルチェンジ版の11000系が2009年にデビューした。相模鉄道キャラクター「そうにゃん」のラッピング編成も運用されている。

ベースはJR東日本E233系、高められたシステムの信頼性

　11000系はJR東日本の通勤形電車、E233系をベースとした電車で、2009年に製造が開始された。10両編成、車体はステンレス製の20m級で、幅はE233系と同じ2,950mmである。この広い車体幅は相鉄の車両限界と建築限界を改めることで実現した。なお、一世代前にあたる10000系は2,930mmだった。基本設計はE233系から踏襲し、側面や屋根の形状はほぼ同じになっているが、前面デザインは相鉄独自で、10000系のイメージも受け継いでいる。また、車体のカラーリングも10000系と同様である。

　走行メカニズムもE233系に準じたスペックで、制御にはIGBT素子によるVVVFインバータを用い、回生ブレーキも備える。最高運転速度は相鉄の規格である100km/hだが、設計上は120km/hでの走行が可能である。また、車載する主な機器を二重化している。これにより万一、片方が故障しても、もう片方が機能して運転を継続できる。10000系で採用した列車情報管理システムも、データ伝送速度向上で信頼性と機能性を高めている。

JR東日本E233系ベースで開発された11000系。10000系に続き、前面は非貫通で設計された。

人にやさしい車内設備、安全性も大幅に向上

E233系をベースとした車体は従来より強度に優れ、乗客の安全性が高い。また衝突事故の際に衝撃を吸収するクラッシャブルゾーンも設け、乗務員室がつぶれるのを防いでいる。

乗客の利用しやすさへの配慮も各部に見られる。例えば、床の高さはレール面から1,130mmで、これは10000系より35mm低く、駅のホームとの段差がわずかになった。車内はロングシートで形状やカラーリングは10000系に近いが、1人あたりの幅が10mm拡大されて460mmとなり、クッション内のばねの改良で座り心地も向上した。また、車端にある優先席と、当初、女性専用車としていた4号車は、荷棚の位置を下げて使いやすくしている。

11000系は2013年まで増備され、10両編成5本が揃った。運転台の機器類の配置もE233系に準じ、もともとは相鉄・JR直通線での運用も視野に入れていたのだが、実際にその運用に就いたのは12000系である。相鉄線内のみを走る11000系だが、2014年から1編成に相模鉄道キャラクター「そうにゃん」のラッピングを施し、これがほぼ毎年編成を差し替えて運行され、デザインも変更している。

● 11000系の主要諸元

車体材質	ステンレス
製造初年	2008年
設計運転速度	120km/h
最大寸法(長さ×幅×屋根高さ)	20,000×2,966×4,016.5mm
主電動機	三相かご形誘導電動機
制御装置	VVVFインバータ制御

相模鉄道キャラクター「そうにゃん」をラッピングした「そうにゃんトレイン」は11000系が使用され、2023年で10代目を数える。写真は6代目の「ベビーそうにゃんトレイン」。

用語解説

E233系
[いー233けい]

JR東日本の普通列車用電車で、E231系の改良型として2006年に製造が開始された。通勤形および、中距離電車として使用する近郊形を合わせ番代区分が多岐にわたるが、そのうち通勤形の中央線快速用0番代が、相鉄11000系のベースになった。

相鉄初のステンレスカー 10000系

相鉄では1955年登場の初代5000系以来、自社オリジナルで個性的な車両を導入してきたが、21世紀に入ってからデビューした10000系はJR東日本の車両を設計のベースとしている。人と環境に優しい仕様で、相鉄初のステンレスカーでもあり、新しい時代の到来を告げる画期的なものとなった。

イニシャルコストの低減を図るため、JR東日本E231系ベースで開発された10000系。伝統の直角カルダン駆動をやめて、初めてTD平行カルダン駆動を採用した。

21世紀初の相鉄新型電車、先進的な要素が満載

　相鉄では戦後の高度経済成長期より、初代5000系をはじめとした独自設計で個性あふれる電車を投入してきた。そのためには高いコストを要するケースもあったが、時代が平成になると状況が変わっていく。安全性や環境負荷低減などの要件が厳しくなるとともに、製造コストの低減も求められるようになった。

　こうした事情を背景に2002年に登場した新型車が10000系で、ユニークな点がさまざま見られる。最大の特徴は基本設計をJR東日本E231系と共通にしたことで、それをベースに相鉄で必要な箇所を専用仕様にした。車体幅は当時の相鉄の規格に合わせた2,930mmで、E231系より20mm狭い。編成は10両と8両、車体は相鉄初めてのステンレス製20m級で、銀色の表面にカラーの帯を付けてデビューした。

　制御にはIGBT素子のVVVFインバータを使用、回生ブレーキも備える。駆動方式は旧5000系以来の直角カルダン式と決別し、他社で一般的な平行カルダン式になった。また、ボルスタレス台車も相鉄で初めて採用されている。

環境にやさしい電車、廃車後の処理にも配慮

　E231系から展開された技術でもうひとつ注目されるのが、TIMS（Train Information Management System／列車情報管理システム）である。これは加速と減速、空調、車内および車体外側の表示などを編成全体でまとめて制御し、メンテナンスに関する情報も管理する機能を持つ。安全性や信頼性が向上するとともに、電気配線がシンプルになった本システムもE231系から展開されたもので、相鉄初でもある。そして、21世紀の登場ということで環境負荷低減も重視し、用途を終えて廃車になった際のリサイクル性も考慮されている。

　2007年まで増備されて10両編成3本と8両編成5本、総勢70両の布陣となった。それから月日が流れて2019年に更新工事を開始し、翌年から運行している。その工事では制御装置などの機器類とライト類の換装のみのものと、「デザインブランドアッププロジェクト」のコンセプトで内装と外観もリニューアルし、「YOKOHAMA NAVYBLUE」に塗装したものがある。

車内は片持ち式のオールロングシートで、座面はバケット式である。

●10000系の主要諸元

車体材質	ステンレス
製造初年	2002年
設計運転速度	120km/h
最大寸法（長さ×幅×屋根高さ）	20,000 × 2,946 × 4,049.5mm
主電動機	三相かご形誘導電動機
制御装置	VVVFインバータ制御

更新工事を経た編成は、YOKOHAMA NAVYBLUEに塗装されている。

用語解説

E231系
[いー231けい]

2000年に量産が開始されたJR東日本の普通列車用電車で、車体はステンレス製。製造から運用中のメンテナンス、そして廃車後の解体までを含めたライフサイクルのコスト低減を低減させている。また、鉄道会社をまたいだ標準化も実現し、東急5000系（2代目）、都営地下鉄10-300形などのベースともなった。

相鉄初、東急車輛製造製の新型車 9000系

従来の相鉄車両は日立製作所製が伝統なのに対し、9000系は東急車輛製造（現・総合車両製作所）製であることが特筆される。同時期に製造された8000系と共通した要素が多い一方で、独自の個性も各所に見られ、近年は更新工事により時代に合った進化もしている。

8000系と製造時期が重複、個性が目立つ10両編成

　8000系の登場から3年を経た、1993年に製造が開始された車両が9000系である。それまでの相鉄の電車の大部分は日立製作所が製造しているが、本系列は初めて東急電鉄のグループ会社である東急車輛製造から納入されたことが特筆される。同時期には8000系の増備も継続され、しばらくは2系列を並行して投入した。

　10両編成で車体はアルミ合金製、幅は8000系より若干狭い2,900mmで、側面の裾を絞っている。前面デザインは8000系の流れを汲みながら、曲面ガラスの採用などにより独自のイメージになっている。編成中の5・8号車がセミクロスシート、それ以外が全ロングシートというところは8000系と共通である。また、車椅子スペースと非常通報装置が相鉄で最初に採用された。

　主電動機出力は180kWで、10両編成中6両が電動車の合計出力は4,320kWと、相鉄最強を誇る。空調装置も独特で、相鉄のほかの電車は集中式であるのに対し、集約分散式の装置を各車に4基ずつ搭載し、まとめて長いカバーで覆っている。

9000系は登場以来、3種類の車体カラーを採用した。右は初代、中は2007年から採用したグループカラー、左は2016年から登場したYOKOHAMA NAVYBLUE。

9000系はロングシートが基本だが、10両編成中5・8号車の乗降扉間がボックスシートの、セミクロスシートとしている。2015年からのリニューアルを機に、座席生地をグレー系のものに変えた（写真2点とも）。

大胆なリニューアルの 「YOKOHAMA NAVYBLUE」第一弾

　9000系の増備は2001年まで続き、10両編成7本が揃った。新製時はアルミ合金製車体を白色に塗装のうえ赤帯を配していたが、07年以降は8000系と同様、グループカラーになっている。また、制御装置はGTO素子のVVVFインバータだったが、2013年から翌14年にかけIGBT素子のものに換装された。

　その後もパンタグラフのシングルアーム化など各部が変更され、さらに2015年から大がかりなリニューアル工事が実施された。これは相鉄の「デザインブランドアッププロジェクト」の第一弾となるもので、外観では「YOKOHAMA NAVYBLUE」の塗装が目立ち、内装もカラーリング変更や座席の改良で大きく進化した。中でもクロスシートは快適な形状にしたうえで、生地に英国・スコットランド製の本革を用い、通勤電車とは思えない上質さである。それ以外にも車内の表示器や運転台の機器など各部が改良されている。

　このリニューアルの対象となったのは、2020年に引退した第1編成を除く6編成である。また、リニューアル車は2016年にグッドデザイン賞を受賞した。そして、2019年から空調装置が改良され、引き続き相鉄の主力の一翼を担っている。

●9000系の主要諸元

車体材質	アルミニウム
製造初年	1993年
設計運転速度	120km/h
最大寸法(長さ×幅×屋根高さ)	20,100×2,970×4,169mm
主電動機	三相かご形誘導電動機
制御装置	VVVFインバータ制御

用語解説

東急車輌製造
[とうきゅうしゃりょうせいぞう]

東急グループの車両メーカーで、終戦直後に戦災車の復旧工事で事業を本格的に開始し、1953年に社名を東急車輌製造とした。車体の軽量化などで独自の技術を開発し、日本で最初にステンレスカー製造を手がけたメーカーでもある。鉄道車両部門は2012年にJR東日本傘下に移管されて、総合車両製作所となった。

ユニークな前面デザイン、平成初の新型車 8000系

相鉄の現役営業用車両の中で、製造年が最も早い系列が8000系である。好景気に沸いた平成初頭にデビューし、増備途中の改良とその後の更新で進化が続いた。すでに勢力は縮小されつつあるが、新たにリニューアルされた編成も出現し、今後の動向が注目される。

8000系は、2007〜2014年に10000系の塗り分けをベースとしたグループカラーが施された。

登場時のオリジナルカラーは、車体側面にも赤帯を巻き、車両番号と会社のロゴの位置が逆である。

久しぶりの幅広車体、10両固定編成で登場

8000系は時代が昭和から平成に変わった直後の1990年に製造が開始され、編成の分割を想定しない10両固定としたのが大きな特徴である。車体はアルミ合金製で、新6000系以来、久々に幅広車体が復活して側面の裾が絞られ、全幅は2,930mmとなった。この寸法は側面が垂直な7000系より130mm大きい。

第1編成からVVVFインバータ制御を採用し、運転席で編成全体の扉開閉などをモニターできる車両情報装置も備える。また、20m級、両開き扉という従来からの仕様を踏襲し、座席はロングシートを基本としながら、5号車と8号車をセミクロスシートにした。これは、7000系のうち1編成で試験的に採用した仕様を量産に展開したものだが、幅広車体を活かして座席幅も拡大するなど快適性に優れる。

増備途中の1993年から、同年登場の9000系と同様に車椅子スペースと非常通報装置が採用された。

「デザインブランドアッププロジェクト」、リニューアル編成も登場

　8000系の増備は1999年まで続き、10両編成13本、総勢130両の布陣となった。6000系と新6000系を分けてカウントすると、この両数は相鉄の単一系列で歴代最多である。登場時はアルミ合金製の車体表面をクリア塗装し、アクセントの赤帯を配していた。そして、2007年から白を基調にブルーとオレンジの帯を配した相鉄グループのカラーに塗装変更され、イメージを新たにした。その後、初期落成の編成に対し、車椅子スペースを設けるなど後期の編成に近づける更新工事が行われている。制御にはGTO素子のVVVFインバータを使用していたが、1994年落成の第8編成以降は2016年からはIGBT素子のものに換装された。

　8000系のうち1編成は2006年に廃車となり、それ以外は引き続き活躍を続けていたが、次の廃車が2020年に始まり、翌年には第7編成までがすべて姿を消した。現在はIGBT素子のVVVFインバータ換装の対象となった第8〜13編成が在籍する。そのうち第9編成は2020年に「デザインブランドアッププロジェクト」による外観および内装の大がかりなリニューアルが実施され、車体の塗装は「YOKOHAMA NAVY BLUE」になった。

●8000系の主要諸元

車体材質	アルミニウム
製造初年	1990年
設計運転速度	110km/h
最大寸法（長さ×幅×屋根高さ）	20,200×3,000×4,050mm
主電動機	三相かご形誘導電動機
制御装置	VVVFインバータ制御

2020年から9000系に続いて「デザインブランドアッププロジェクト」に基づいてリニューアル工事が実施されている。

用語解説　VVVFインバータ

電車の主電動機（走行用モーター）の制御装置で、1990年前後から普及して現在主流となっている。架線から取り入れた電流を三相交流に変換のうえ、半導体で電圧と周波数を増減させて三相交流電動機を制御する。従来の制御装置と直流電動機の組み合わせに比べて、省電性やメンテナンス性に優れる。

》》自社オリジナルの電車登場以前
》》気動車／初期の電車

現在の相鉄本線はもともと神中鉄道として非電化で営業を開始し、当初活躍したのは蒸気機関車で、その後、内燃機関を動力としたガソリンカーやディーゼルカーが導入された。太平洋戦争中に電化されてからは国鉄やほかの私鉄から譲渡された電車が入線するが、自社オリジナルの電車は1955年までなかった。

かしわ台駅に近接した車両センターで静態保存されている神中3号蒸気機関車とハ20形24号客車。

大手私鉄の前身は小型車両の宝庫

　神中鉄道が1926年に開業した時、営業列車は小型のタンク式蒸気機関車が牽引した。当初はアメリカ製と国産が各2両在籍し、後者のうち1両、3号機は相模鉄道合併時に7号機へ改番された。そして、1949年に引退ののちほかの鉄道に移ったが、1967年に相鉄へ里帰りして、現在は車両センターで保存されている。

　昭和初期、1929年から内燃機関を動力とした車両が導入されるのだが、最初はガソリンカーだった。鉄道車両に適した特性を持つディーゼルカーは1935年登場のキハ30形が第一弾で、それまで旅客車両は2軸車のみだった神中鉄道における初のボギー車でもある。続いて1937年からより大型のキハ40形が入線し、すぐにキハ50形へ改番されている。また、戦時中に東京横浜電鉄の傘下になった際、同電鉄から流線形のガソリンカー、キハ1形が移籍してきた。

私鉄および国鉄から移籍、初期の電車は3グループを構成

神中鉄道が合併で相模鉄道となってから間もなく、1944年に旅客全線が電化された。営業用車両として電車が導入されるのだが、しばらくは他社からの譲渡車が主体で、自社発注の新製車は1955年登場の旧5000系が初となる。

旧5000系以前の電車は大きく3グループに分けられる。ひとつは1000系で、まず元小田急（譲渡時は合併のため東京急行電鉄だった、以下同）から1948年に9両が移籍してきた。1963・64年に6両が引退し、残る3両は荷物電車に改造された。また、自社の気動車、キハ50形を種車とした制御車クハ1500形4両も1949〜56年に在籍した。

相鉄の電車で初期に主力となっていたのは2000系である。17m級あるいは18m級で1948年以降に42両が入線し、国鉄の戦災復旧車を主体に、元小田急、国鉄（鉄道省当時）に買収した私鉄電車、各種車両の台枠流用＋車体新造など、出自はさまざまである。1970年以降に大部分が引退して機器類が2100系に流用されたが、一部は事業用として引き続き在籍した。

3000系は相鉄初の20m級で、国鉄から9両が譲渡された。うち7両は戦時設計の4ドア車モハ63形で、残りは3ドアのモハ60形の戦災復旧車と2ドア・クロスシートのサハ48形を3ドア・ロングシートにした改造車である。活躍の過程で電動車の台車と主電動機を換装するなどの改造があり、1966年にすべて引退した。機器類は3010系に流用された。

車両センターで保存されている2000系モニ2005は、東京急行電鉄から譲受した戦災焼失国電払い下げの1両だ。

用語解説　戦災復旧車
[せんさいふっきゅうしゃ]

太平洋戦争末期の空襲では、多くの鉄道車両が被災した。終戦後の復興に際し各鉄道会社では車両の補充が急務となった。その際、被災車両の修理可能な部分を活用のうえ再生したものを、戦災復旧車という。修理内容はさまざまで、復旧後は元の所属と別の鉄道会社に入線した例も多い。

先進的デザインで登場した 相鉄初の新造電車　旧5000系

戦後の高度経済成長期の真っ只中にあった1950年代半ば、増大する輸送需要に応えるべく、各鉄道事業者が次々と新型車両を導入した。新しい技術やデザインを採り入れたものも多く、まるで各社が競い合っているかのようであった。相鉄の5000系も、その典型として挙げられる。

大きな前面2枚窓が優美な5000系は、モノコック構造、ボディマウント構造を採用した、当時最先端を行った車両だった。写真提供／相鉄グループ

全く新しいカラーに塗られた、先進的な構造とスタイルの車体

　相鉄が電化されてから旅客輸送に電車が活躍したのだが、しばらくは他社からの譲渡車ばかりであった。初の新造電車となったのが5000系で、日立製作所において1955年に製造が開始された。この待望の自社オリジナル電車には、さまざまな特徴がある。

　まず目につくのは断面が丸みを帯び、前面に傾斜した大きな2枚の窓がある車体形状。これは骨組によって強度を確保する従来の車体と違い、モノコック構造を採用したもので大幅に軽量化された。モノコック構造は前年に登場した東急電鉄5000系（初代）より後発だが、床下機器も車体内に収めるボディマウント方式を採用した点で、相鉄5000系はさらに先を行った格好である。

　そして、先進的なスタイルの車体にふさわしく、カラフルな4色による新しい塗装も採用された。

従来になかった技術による動力や台車のメカニズム

走行関係の機器も、新設計の制御装置、直角カルダン式駆動、電磁直通ブレーキなど当時の先端を行く技術が採用された。また、全車が電動車で2両ずつユニットを組み、海老名側の1両に制御装置とパンタグラフ、横浜側の1両に空気圧縮機や電動発電機などを搭載する。初期に落成した2両編成2本は車体が17m級、主電動機出力55kWで台車の枕ばねに防振ゴムを用いたが、その後の増備では18m級、主電動機出力75kW、コイルばねによる枕ばねとなり、さらに枕ばねは空気ばねに改められた。そして、増備末期は4両編成から、のちに6両編成になった。1960年までに総勢20両が落成した。なお、初期車の枕ばねは、のちに防振ゴムから一般的なコイルばねに換装されている。

相鉄電車の歴史を語る上で欠かせない存在の5000系だが、モノコック構造の車体は経年による劣化があり、1975年にすべて引退した。その際、一部の機器は5100系製造時に再利用された。また、1988年に2代目となる5000系が登場し、区別するため旧5000系、新5000系と呼ぶことが多く、本書でもそう記している。

モノコック構造は本系列のみで終わったが、車体を軽量化するという考え方はその後のアルミ合金製車体の採用につながっている。また、直角カルダン式駆動は相鉄電車の標準として定着し、9000系まで続いた。

中間車を挟んで4両編成となり、鶴ケ峰駅に到着する旧5000系。全車が電動車で、奇数号車にパンタグラフを搭載する。写真／児島眞雄

用語解説 **モノコック構造**
[ものこっくこうぞう]

外板自体で強度を確保する車体構造のことで、張殻構造ともいう。もともとは航空機の機体で普及した技術で、骨組で強度を確保する従来の構造に比べ大幅に軽量化できる。日本の鉄道車両で最初に本格的なモノコック構造が採用されたのは、東急車輌製造で1954年に製造を開始した東急5000系(初代)である。

輸送力増強に貢献した初の20m級電車 6000系

相鉄初の新造車であった旧5000系は、車体構造をはじめ各部に新しい技術を採り入れた、意欲的な内容の電車であった。しかし、製造コストや運用のしやすさ、メンテナンス性などの面で改善の余地があり、次なる新型車となる6000系はより一般的な仕様で手堅くまとめられた。

大量投入による輸送力増強に向け重視された汎用性と経済性

　先進的要素を満載した旧5000系で新たなステージに入った相鉄は、次なるステップとして高度経済成長下で高まる通勤通学の輸送需要に応えるべく、汎用性を重視した6000系を誕生させた。1961年に日立製作所で製造が開始され、特徴としてまず挙げられるのは車体が20m級4扉であること。この要素は国鉄から払い下げられた3000系に例があったが、自社向けの新製車では初であるとともに、以後、相鉄のスタンダードとなった。

　その車体は普通鋼製で旧5000系の張殻構造ではなく一般的な骨組があるが、両開きドアや張上げ屋根（雨樋が屋根の途中にある）により近代的な印象を受ける。走行メカニズムでは、旧5000系の直角カルダン式駆動や電磁直通ブレーキを踏襲する一方で、電動車はユニットを組まずにシステムが1両で完結する。これにより編成の組み方の自由度が増し、前面を貫通式にしたことで増結も容易になった。

　当初設定された形式は横浜向きの電動制御車モハ6000形と海老名向きの制御車クハ6500形で、1963年に中間電動車モハ6100形、翌年に付随車リハ6600形が加わった。中間車2形式はドアの位置が先頭車と同じで、横から見ると窓とドアの配置が非対称になっている。

相鉄の新製車として初めて20m級4扉を採用した6000系。写真はかしわ台駅に近接する車両センター保存されている旧塗装時代のモハ6001。2018年3月に若草色塗装に戻されている。

長期にわたる増備の間、継続した仕様の改良

6000系の増備は長く続き、その途中でブレーキディスクを外側に付けた台車が採用され、銀色に輝くディスクが回転するのは、見ていて面白かった。また、モハ6000形のうち1両、1967年落成のモハ6021は試験的に車体をアルミ合金製にした。これが嚆矢となって、のちに相鉄には多くのアルミカーが導入される。

6000系の塗装は旧5000系と同じカラーリングが基本で、のちにライトグリーンを基調とした新塗装に衣替えする。モハ6021はアルミ合金の表面にクリア塗装をし、前面に赤のアクセントを入れた。

増備は1970年まで続き、中間電動車モハ6100形のラスト2両、6144と6145はユニットとなって空気圧縮機と電動発電機をそれぞれ片方の車両に集約した。輸送力増大により長編成になると、電動車はユニット式にした方がメンテナンスの面で優れる。同年中に登場するマイナーチェンジ版、新6000系は最初から電動車がユニット式となる。

「新」が付かないオリジナルの6000系は総勢120両が落成した。1979〜86年に冷房化改造され、1998年にすべて引退となる。相鉄の歴史を語るうえで欠かせない電車で、電動制御車モハ6000形のトップであるモハ6001とアルミ合金製車体のモハ6021は車両センターで保存されている。

アルミ車体試作車の6000系モハ6021。後に相鉄のアルミ車体製造の礎となった記念すべき車両である。

用語解説 ユニット式［ゆにっとしき］

電車の電動車は1両ごとに必要な機器一式を搭載するのが基本だった。やがて電車が進化していく過程で、電動車を2両1組として制御器・空気圧縮機・電動発電機などの機器をどちらかの車両に集約したユニット式も普及している。2両それぞれをM1車・M2車、あるいはM車・M′車と呼ぶのが一般的である。

車体を新造して生まれ変わった旧型車両 3010系・2100系

戦後の高度経済成長期、相鉄では輸送力増強とサービス向上のため、新型車両を積極的に導入した。その際、完全な新造車だけではなく、車体のみが新造で機器類は旧型車両から転用という手法も採り入れた。そして後年、機器類を新しいものに換装して再度生まれ変わる。

見た目は6000系にそっくり、後年の機器更新で新技術を採用

　終戦後の昭和20年代に導入された3000系は、モハ63形など元国鉄の20m級を譲り受けたもので、のちに電動車の台車と主電動機を換装したが、車体の劣化は著しかった。そこで、まだ使える機器類を活用し、6000系に準じた新製車体と組み合せて誕生したのが3010系である。また、3000系は全9両で編成を組む際に不都合なので、機器流用のない完全新製の付随車も1両加わった。揃ったラインナップは制御電動車3両、中間電動車3両、制御車3両、付随車1両である。

　一見6000系にそっくりなのに、吊掛駆動のサウンドを奏でた3010系だが、1987年に車体リニューアルおよび冷房化とあわせ、VVVFインバータ制御と直角カルダン駆動を用いた走行系の更新が実施された。番号も3000台に改められ、

3000系の台車に63系タイプの台枠を流用して、6000系に似た両開き4扉の新製車体を組み合わせて製造された3010系。10両が製造され、後に5両がVVVFインバータ制御化された。写真提供／相鉄グループ

2代目3000系とも呼ばれる。これが相鉄初のVVVFインバータ車で、1998年まで10両編成で運用された。

アルミ合金製車体の20m級、鋼製17m級より軽い2100系

2100系は相鉄で初めて量産されたアルミ合金製車体の電車で、1970～74年に30両、6両編成5本が落成した。完全な新製ではなく、走行関係の機器類を2000系から流用している。素材の違いにより車体は軽量になり、自重は17m級で普通鋼製車体の2000系より小さい。例えば、電動制御車の自重は2000系が40.5t、2100系が34tである。また、初期の2編成は非冷房で側面窓が2段、その後の3編成は冷房で側面窓が1段だった。

先進的なアルミ合金製車体と吊掛駆動の旧式な走行メカニズムがアンバランスだったが、1976～79年に制御装置、主電動機、台車などが換装され、走行関係が同時期の新製車並みのスペックになった。電動車は2両ずつのユニット、駆動は直角カルダン式である。また、非冷房だった初期車も冷房化改造された。

改造に際し、一部車両の形式や車番変更のうえ10両編成3本が組まれ、うち1編成は側面の2段窓と1段窓が混在した。外観も走行メカニズムも近代的になった2100系は21世紀まで走り続け、引退したのは2004年である。

6000系モハ6021で試作されたアルミ製車体を元に、編成単位でアルミ製車体を採用した2100系。2004年まで活躍した。写真提供／相鉄グループ

用語解説 アルミ合金 ［あるみごうきん］

アルミニウムは軽量だが、そのままでは普通鋼より強度が劣る。そこで、マグネシウムなどを含有して強度に優れるアルミ合金が、鉄道車両の車体に採用された。軽量で錆びないが、空気に触れていると表面は白く変色するので、カラーリングをしない場合はクリア塗装することが多い。

》》 幅広車体の採用で風格が増した通勤電車
》》 新6000系

相鉄のスタンダード的存在となった6000系の増備は長期にわたって続き、やがて環境の変化に応じた改良のニーズが生じた。そして、性能とメンテナンス性を向上のうえ長編成化に適した仕様へと、大がかりなマイナーチェンジが実施されて新6000系が登場した。

6000系のマイナーチェンジに位置づけられる新6000系が、海老名駅に向かってひた走る。

車体幅の拡大と機器類の改良、実質的に別系列へと進化

　1961年に登場した6000系は高度経済成長期に輸送需要の増大に応えたが、増備が長期化するとさらなる改良のニーズが生じた。長編成での運転が主体になるとともに、製造コスト低減やメンテナンスの効率化、安全性向上などが求められたのである。

　そして1970年、単なる増備車ではなく、基本からスペックを見直した大規模マイナーチェンジ版へと進化した。番号は引き続き6000台だが、仕様が大きく異なるため実質別系列で、「新6000系」と呼んで区別することが多い。外観で特に目立つのは、従来の2,800mmから2,930mmへの車体幅拡大である。定員は6000系から増えていないが、幅広車体により混雑時の車内空間にやや余裕が生まれた。また、運転台の位置を高くして乗務員の視界や安全性を向上させたのに伴い、前面窓の位置も高くなった。それに灯類の位置変更や上部への表示窓設

置が加わり、前面のデザインが一新されている。さらに、側窓と乗降扉の配置を見直した。6000系では非対称だった中間車の窓と乗降扉の配置を対称にし、先頭車も扉の位置を同様にしたため、乗務員室直後の窓がなくなった。

6000系と比べて運転台窓の位置が高くなり、行先・種別表示器の位置も変わった。

形式のラインナップを一新、出揃った4両編成18本

新6000系は走行メカニズムも大きく変更され、電動車は中間車のみとなって主制御器搭載のM1車と、補助電源装置および空気圧縮機搭載のM2車がユニットを組む。また、主電動機の出力は110kWから130kWへとアップした。ブレーキディスクが台車の外側にあるのは、6000系後期と同様である。中間電動車はモハ6300形で、ほかに横浜向きの制御車クハ6700形と海老名向きの制御車クハ6500形が新6000系として新製された。そのうちクハ6500形のみ、6000系と共通の形式である。

1974年までに70両が製造され、落成時の仕様は非冷房、冷房試作、冷房の3種があった。また、塗装は当初旧5000系や6000系と同様のカラーで、1974年に最終増備車がライトグリーン基調の新塗装で落成し、それ以外ものちに同様のカラーに塗り替えられた。非冷房はすべて1977～79年に冷房化改造され、その時点でラインナップしていたのは4両編成18本。うち1編成には、6000形の中間電動車のラストでユニット化された2両を連結していた。

その後、活躍の過程で特別塗装になった編成もあり、2005年にすべて引退した。

用語解説 幅広車体 [はばひろしゃたい]

6000系の車体幅は2,800mmなのに対し、新6000系は幅広と呼ばれる車体が採用されて2,930mmになった。ただし、広いのは中ほどから上の方だけで、側面の裾を湾曲されて下端の幅は従来と同様にしてある。これはほかの鉄道会社の幅広車体でも一般的で、従来の車体と駅のホームを共用することができる。

CHAPTER 4

20m級4扉のアルミカー第2弾
5100系・新5000系

1955年に登場した旧5000系は軽量化された車体が経年により劣化し、置き換えが必要になった。車両としては比較的短期間で廃車になったものの、走行関係の機器は車体がアルミ合金製の新型車に流用された。その新型車は後年、機器換装により、再度生まれ変わる。

冷房装置搭載でデビュー、客室の窓は自動開閉式

相鉄の歴史に残る旧5000系は、軽量な張殻構造ゆえに経年による車体の劣化が進み、1970年代になると置き換えのニーズが生じた。そこで、新6000系以来、スタンダードとなっている20m級4扉の新型車を導入することになり、走行関係の機器類は旧5000系から流用された。車体はアルミ合金製で形状は2100系によく似ているが、設計を見直してさらに軽量になった。

新型車は1972年に5100系として登場し、機器類を供出して名目上廃車となった旧5000系全20両と、同じ両数が落成した。当初から冷房車であったことが当時としては画期的で、さらに客室の窓が日本で初めて油圧で作動する自動開閉式になった。これは1段下降式の窓がボタン操作で開閉するものだ。また、車体軽量化を徹底したため、20m級の冷房車でありながら、17m級非冷房で車体が張殻構造の旧5000系と総重量を同等にすることができた。

大和駅に向けて出発する新5000系。2009年2月の記念列車の運行をもって、全車両が引退した。

5100系は走行関係を旧5000系から流用したため全車が電動車で、2両ごとにユニットを組む。また、流用元の仕様に由来して主電動機の出力や台車の構造にバリエーションがあった。

走行関係の機器類を換装し、経済性が大きく向上

5100系に用いた機器類は旧5000系として製造された時は最新だったが、1980年代には旧式となってしまった。また両数が少ないのに仕様が異なる機器があるのも扱いづらく、1988年から更新工事が実施された。その際番号が5000台に改められたので、新5000系と呼ぶ。

また、5100系は主として8両編成で運用されたのに対し、通常時の新5000系は5両＋5両の10両編成が2本組まれた。更新ではVVVFインバータ制御と回生ブレーキ、出力180kWの主電動機を採用のうえ、元の全車電動車から10両中4両のみの電動車となり、これらの要素により経済性が大幅に向上した。なお、更新後の電動車はユニットを組まず、1両ごとにシステムが完結する仕様である。

系列の呼称としてはオリジナルに返り咲いたが、旧5000系から流用の機器がなくなって新しい電車に生まれ変わった新5000系は、21世紀まで活躍を続けた。2005年に1編成が引退し、もう1編成は2009年まで稼働した。

当初は5100系を名乗ったが、1988〜89年に走行装置を更新すると、形式も5000系に戻された。2006年からは相鉄グループのロゴステッカーが貼付された。

用語解説

回生ブレーキ
[かいせいぶれーき]

主電動機（走行用モーター）は電気回路を切り替えると発電機として機能し、その際に生じる回転抵抗でブレーキをかけることができる。そうして発生した電流を架線に流してほかの列車に供給するものを回生ブレーキという。電力消費量が低減できるうえ、摩擦によるブレーキの消耗も抑えることができる。

相鉄初、完全新造のアルミカー 7000系

2100系と5100系は車体がアルミ合金製で、相鉄の新たなイメージリーダーという印象だったが、どちらも機器流用で誕生した。それに対し機器類を含め完全新造で最初に登場したアルミカーが7000系で、大量に増備されて主力として活躍を続けた。

完全新造のアルミカーとして登場した7000系。新5000系とは前照灯の位置、貫通路の高さなどに違いがある。

2100系・5100系を経て生まれた相鉄アルミカーの決定版

　1970年代初頭の相鉄電車において、走行メカニズムに関しては完全新造の新6000系、車体に関しては機器流用の2100系および5100系が、最新の仕様であった。7000系はこれら両方の要素をまとめたものに相当する。

　製造は1975年に始まり、車体は相鉄でおなじみになっていた20m級4扉のアルミ合金製である。2100系や5100系によく似ているが、側面の赤帯の幅がやや狭く、前照灯や貫通扉にある番号の位置、屋根上の通風器の形状などが異なる。油圧による自動開閉式の側窓も5100系から踏襲し、車体は当時の相鉄で最上級の仕様となった。

　抵抗制御、主電動機出力130kW、直角カルダン駆動など走行関係のスペックは新6000系に準じ、M1車とM2車がユニットを組む。外側にブレーキディスク

がある台車も新6000系と同様で、アルミ合金製車体との組み合わせにより、近代的な印象が一層強調された。

登場から44年続いた活躍、事業用改造車は今も健在

　当初、個別の形式は中間電動車モハ7100形（奇数がM1、偶数がM2）、海老名向きの制御車クハ7500形、横浜向き制御車クハ7700形というラインアップだったが、編成組成の自由度を高めるため、1983年に横浜向き制御電動車でM1のモハ7000形と付随車サハ7600形が加わり、前者はモハ7100形のM2車とユニットを組んだ。

　7000系は1985年までに80両が製造され（その後に増備されたマイナーチェンジ版の新7000系は含まない）、長年にわたり相鉄の主力として君臨した。2006年にはモハ7000形＋モハ7100形のユニット2組、計4両が改造により事業用車両のモヤ700形となり、車体は黄色に塗装された（105ページ）。それ以外の車両は新型車への置き換えが同06年に始まったが、そのペースは遅かった。長く活躍を続け、すべて引退したのは12000系登場後の2019年である。

　前面が切妻でアクセントの赤帯を配したアルミ合金製車体は相鉄を象徴する存在であったが、7000系の全廃によって姿を消した。

帷子（かたびら）川を渡り横浜駅に到着する7000系。2019年に引退するまで44年間に渡り活躍した。

用語解説
20m級4扉
[20めーとるきゅう4とびら]

通勤形電車の車体で、多くの鉄道会社で普及している仕様が20m級4扉である。本格的なものは戦時設計の国鉄63系が元祖で、戦後に両開き扉が主流になった。相鉄では終戦直後の混乱期に片開き扉のものが入線し、自社オリジナルは6000系以来現存まで両開き扉で系譜が続いている。

マイナーチェンジでイメージを新たにした 新7000系

1975年登場の7000系は完成度の高い電車となり、長期にわたって増備が続いたが、やがて時代の流れに乗った進化が求められるようになった。そこで、前面の意匠変更を主体としたマイナーチェンジにより新7000系へ移行したのち、増備途中に走行メカニズムも一新した。

7000系の増備車に位置づけられるが、前面の表情が変わったため新7000系と呼ばれた。

前面に新デザインを採用、見事イメージチェンジに成功

　相鉄電車を代表する存在となった7000系も、デビューから10年が過ぎると時代の流れに遅れを取りつつある印象が否めなくなった。そこで1986年に大幅な改良をしてイメージを新たにした。

　これを新7000系と呼ぶ。最大のポイントとなったのは前面デザインである。従来の7000系の前面は切妻で機能本位のシンプルな造形だったのに対し、窓周辺を黒いパネル状にした「ブラックフェイス」と呼ばれる意匠を採り入れ、さらに裾を傾斜させたことでイメージは全く新しいものになった。

　上方に拡大した左右の窓に列車種別と運行番号の表示器や通過表示灯を収めているが、これも当時の前面デザインで流行していた要素である。車体のアクセントとなる赤帯も形状や色を新たにし、前面では相鉄のイニシャル「S」の字をデザインしている。また、各車室内に4カ所ずつ、LEDの点灯や点滅で列車の行先や現在位置を示す機能を持つ路線案内表示器も追加された。

増備途中に走行機器が進化、2020年に現役から引退

外観と車内設備が変化した新7000系だが、当初の走行メカニズムは従来の7000系と同等で、車番もそのまま連続して付けられた。しかし、増備途中の1988年から抵抗制御に代わってVVVFインバータ制御を採用し、区別するため車番の下2桁を51以降とした。台車も軸箱支持方式などが変わったが、外側のブレーキディスクは踏襲された。また、電動車はユニットを組まず1両でシステムが完結する方式で、電動車は中間のモハ7300形となった。

この仕様変更に対し、抵抗制御式のものを0番台、VVVFインバータ制御のものを50番台と呼んで区別することもある。製造は1989年まで続き、両番台を合わせ60両が揃った。最後に落成した10両編成1本は、うち2両を試験的にセミクロスシートとし、これが8000系と9000系での本格採用につながる。なお、7000系、新7000系とも全車のメーカーは日立製作所である。

2007年以降、新7000系は車体全体を明るいグレーに塗装のうえグループカラーのブルーとオレンジの帯を配した、新しいカラーリングへ移行した。そして、後継の新型車への置き換えにより2020年にすべての運用を終えた。

旧塗装時代の新7000系。セミクロスシートが組み込まれた7755編成は広告貸切専用の「Green Box(グリーンボックス)」としての運用実績もある。

用語解説　ブラックフェイス

鉄道車両の前面で、窓の周辺を黒いパネル状の意匠にしたものを「ブラックフェイス」あるいは「ブラックマスク」と呼ぶことが多い。元祖となったのは1979年に登場した国鉄の通勤形電車201系で、その後多くの鉄道会社の車両にこの要素が採り入れられている。相鉄では新7000系以降の各系列が該当する。

SOTETSU 44

大切な役割を担う、縁の下の力持ち
相鉄の機関車、事業用車

現在の相鉄は旅客のみの営業をしてるが、かつては貨物営業も行い、そのために機関車も在籍していた。また、線路や架線などの点検、一般車両の移動などのための車両も日々の鉄道営業に欠かせない存在で、世代交代しながら現在まで活躍を続けている。

20世紀末まで運転されていた貨物列車

　相鉄本線では神中鉄道として開業して以来、旅客とともに貨物の営業も行い、非電化の頃は蒸気機関車が貨車を牽引していた。電化直後は旅客用の電車を改造した貨物電車を使用したが、それに代わる本格的な電気機関車、ED10形が1952年に1両が登場した。さらに翌53年に1両、54年に1両、その後は間をあけて65年にもう1両が落成し、ED11〜ED14とナンバリングされている。

　ED10形は新製されたもので、丸みを帯びた車体形状が個性的である。台車と主電動機は電車からの流用で、スマートで近代的な印象の車体との対比も面白い。相鉄の一般貨物列車は1986年に廃止され、その後も続いた米軍厚木基地への航空燃料輸送も98年に終了した。これで貨物列車牽引の出番はなくなったが、保線用の工事列車や営業用電車の回送などの任務が続き、ED10形が引退したのは2007年である。トップナンバーのED11はかしわ台駅に近接の車両センターで保存されている。

相鉄で貨物列車の牽引に活躍した
ED10形。トップナンバーのED11
が現在も車両センターで保存され
ている。

改造されて今も残る7000系、相鉄版のドクターイエロー

　東海道・山陽新幹線で走行しながら線路や架線・電気関係の試験をする検測車は、「ドクターイエロー」のニックネームで一般の人にもよく知られている。かつて相鉄では2000系の改造車が同様の役割を持っていたが、やがて老朽化してきた。そこで、電気機関車ED10形とあわせて置き換えるため、事業用車両700系が2006年に導入された。

　これはアルミカー7000系を改造したもので、架線の検測ができるモヤ701＋モヤ702、事故などの際に車両を救援する機能を持つモヤ703＋モヤ704の2両編成2本が在籍する。どちらも営業用車両の回送や車両基地内での入換も受け持つ。車体は種車のままアルミ合金製で、側面の扉と前面にあるステンレス製の補強板を除いて黄色に塗装されている。モヤ701とモヤ703は制御電動車からの改造で、前面は表示窓が埋められたのを除き種車と大きな違いはない。モヤ702とモヤ704は中間電動車から改造され、前面は非貫通式である。

　黄色に塗られてイメージが変わったが、一世を風靡した切妻前面の相鉄アルミカーが今も現役なので、大変貴重な存在といえる。

本格的な検測装置を搭載するモヤ701＋702。モヤ702には架線検測のためのビデオカメラを設置する。

後部に車両を連結して厚木線を走るモヤ703＋704。車両入換のほか救援に使用され、モヤ704にはジャッキ・ジブクレーンを搭載する。

旅客や貨物などの営業用ではなく、設備の点検やメンテナンス、車両の移動など別の用途を受け持ち、車籍がある鉄道車両を事業用車という。相鉄も自社で事業用車を保有しているほか、かつて国鉄の事業用車の高速軌道試験車マヤ34形が入線し、電気機関車ED10形の牽引で線路の検測を実施したこともある。

時代とともに移り変わった 相鉄電車の車体カラー

現在の相鉄を象徴する電車の塗装は「YOKOHAMA NAVYBLUE」で、文字では表現できない独特な色彩が、直通運転により東京都心方面でもおなじみになっている。これに至るまで、いくつものカラーが出現し、いずれも相鉄ならではの強い個性が感じられた。

旧5000系で始まった、他社にない個性的カラー

　相鉄の路線が電化されて以来、電車が他社からの譲渡のみだったころの塗装は、黄色の単色、緑とクリーム色のツートンのほか、元国鉄の茶色（国鉄では「ぶどう色」と呼称）が見られた。これらは比較的平凡なカラーリングだが、初の自社オリジナル電車、旧5000系は4色（ダークグリーン・グレー・赤・白）の塗り分けで登場し、張殻構造で独特な形状の車体と合わせ強烈なインパクトがあった。

　しばらくの間、旧5000系の塗装が新型車に踏襲され、次の新塗装は1973年に登場する。こちらはライトグリーンを基調として上部を濃い緑、裾をオレンジにしたもので、6000系の増備最終編成から採用された。

今も人気が高い旧5000系以来の4色のカラーリング。車両センターで保存されている6000系は、以前はこのカラーに塗装されていた。

4色塗装からライトグリーン基調への過渡期は、両デザインが連結された編成も見られた。

アルミ車体の地色を生かし、赤帯を巻いた8000系。前面はブラックフェイスに赤と白で締めた。

その間、6000系で1両試作されたモハ6021は、車体のアルミ地肌をクリア塗装し、前面に赤のアクセントを配している。1970年登場の2100系からアルミカーが量産されると、側面にも赤の帯が加わった。ここからアルミカーの系譜が続き、新7000系が濃淡の赤で意匠を大きく変えた帯を配して86年に登場した。そして、90年登場の8000系は帯の形状が変わるとともに前面の周辺部が白くなっている。続く9000系もアルミカーだが、従来はアルミ地肌だった部分も白く塗装された。また、相鉄初のステンレスカー10000系は2002年の登場時、ステンレス地肌の車体にピーコックグリーンとサフランイエローの帯を配していた。

相鉄の新たなイメージを確立、「YOKOHAMA NAVYBLUE」

2007年には白を基調として青とオレンジの帯を配した新塗装が登場した。新7000系・8000系・9000系・10000系がこのカラーに改められ、2009年登場の11000系にも新製時から採用されている。

10000系から相鉄グループのグループカラーをあしらったカラーリングを採用。写真は新7000系。

時代とともにカラーリングを改めてイメージアップを続けてきた相鉄に、新たな決定版となる塗装、「YOKOHAMA NAVY BLUE」が2016年に登場した。これは「デザインブランドアッププロジェクト」のコンセプトによるもので、深みのある紺色はマイカの配合による輝きが独特である。最初は9000系のリニューアル車でのお披露目となり、以後新製車では都心方面直通のトリオ、12000系・20000系・21000系、リニューアル車では8000系・10000系にもこのカラーが採用されている。

デザインブランドアッププロジェクトに基づいて、YOKOHAMA NAVYBLUEのカラーリングが増えている。

用語解説 NAVYBLUE ［ねいびーぶるー］

濃い青、濃紺のことを、海軍を指す英語「NAVY」を付けて「ネイビーブルー」または「ネービーブルー」ということがある。JIS（日本工業規格）でも慣用色名「ネービーブルー／Navy Blue」と定義している。この名称は、日本でおそらく相鉄以外の鉄道車両に例はないが、ファッション界では古くから使われている。

相鉄の電車基地　車両センター

相鉄唯一の車両基地

　2023年4月現在、相鉄には430両の車両（事業用車4両を含む）が在籍している。かしわ台駅に近接した車両センターは、これらの車両が所属する基地であり、日々のメンテナンスから分解を伴う大規模な検査までを受け持つ、総合病院の機能も持つ。

　もともと相鉄には星川駅に隣接して車両基地を構えていたが、高度経済成長期の輸送需要増大に対応した規模の拡大が必要になり、この地に広い敷地を確保のうえ、新たな基地を設けた。着工は1966年で、翌67年に電車の車庫としての機能がここに移された。その後、71年に車両を整備する工場も竣工し、星川からの移転が完了した。もともとは近くに駅がなく、かしわ台駅が開業したのは75年である。

　現在、電車の編成を収容する線路が1番線から25番線まで並び、うち11番線には車体洗浄機、11・12番線に細いホーム状の洗車台、14〜17番線に屋根上点検用の台がある。さまざまな項目の検査や整備をする工場棟には26〜30番線が入り、さらに屋外にもう1本、31番線が敷かれている。

　なお、大規模な車両センターでも400両を超える相鉄の全車両を同時に収容することはできない。そのため、相模大塚駅など7カ所の留置線などに駐泊する電車もある。

▲オーバーヘッドクレーンに吊され移動する9000系の車体。▼ピット線で修繕を待つ9000系。ピット線では全般検査・重要部検査の仕上げ、機能保全検査を行う。

19,059㎡の敷地面積を誇る車両センター。かたわらは相鉄本線が延び、営業列車が走る。

CHAPTER 5 第5章

相鉄グループの
歴史がわかる

相模鉄道は、1921年9月に茅ケ崎〜寒川間を開業した相模鉄道と、1926年5月に二俣川〜厚木間を開業した神中鉄道をルーツとする。両社は相模川で採掘する砂利の輸送と、地域の旅客事業を営んでいた。1943年4月に相模鉄道が神中鉄道を吸収合併したが、翌44年6月に茅ケ崎〜橋本間が国有化され、旧神中鉄道線が相模鉄道として残った。戦後は横浜駅西口の開発を進めた相模鉄道は、沿線を中心に事業を展開。2009年に相鉄グループを統括する純粋持株会社「相鉄ホールディングス」が誕生している。

100年を越える歴史を有する相模鉄道 ターミナル駅は横浜

相鉄本線、相鉄いずみ野線、相鉄新横浜線、厚木線を擁する相模鉄道は、総計で44.4kmの路線を持ち、横浜市北西部から神奈川県央部をエリアとする。通勤・通学輸送が主であり、長年、横浜をターミナルとしてきたが、近年は東京へ直結したことで、さらなる発展が期待されている。

念願の都心直通を実現した相模鉄道

　横浜市の都心部から北西部にかけて、大和市・海老名市・藤沢市を沿線に持つ相模鉄道は、大手私鉄16社の中で営業キロ数が最も短く、かつ関東の大手私鉄の中で唯一、東京をターミナルとせず、横浜をそれとする。

　横浜〜海老名間の相鉄本線は、文字通りのメインルートである。相鉄いずみ野線は沿線開発とともに発展してきた。相鉄新横浜線は旧・運輸政策審議会の答申にある「神奈川東部方面線」を構成する区間で、開業は最も新しい。厚木線はもともとは本線だったが、現在は貨物線になっている。

　軌間は1067mmと、JRや主な関東民鉄と同じ規格だが、横浜をターミナルとすることから東京の大手私鉄のように他社線との相互直通運転が行われていなかった。しかし、2019年11月に相鉄新横浜線西谷〜羽沢横浜国大間が開業し、JR東日本に、そして2023年3月に羽沢横浜国大〜新横浜間が開業し、東急電鉄に乗り入れ、念願の東京都心方面との相互直通運転を開始した。また、相鉄グループ創立100周年と都心直通を契機に、ブランドイメージと認知度の向上を図る「デザインブランドアッププロジェクト」に取り組んでいる。車体カラーを含めた車両のリニューアルや、駅舎の改築、駅係員の制服リニューアルなどは、デザインブランドアッププロジェクトの一環である。

JR線に姿を見せた12000系が鶴見川を渡る。

【相模鉄道の主な沿革】

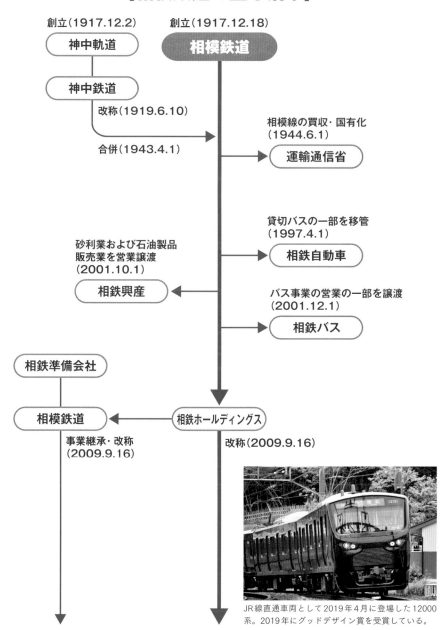

創立（1917.12.2）　　創立（1917.12.18）

神中軌道

相模鉄道

神中鉄道

改称（1919.6.10）

相模線の買収・国有化
（1944.6.1）

合併（1943.4.1）

運輸通信省

貸切バスの一部を移管
（1997.4.1）

砂利業および石油製品
販売業を営業譲渡
（2001.10.1）

相鉄自動車

相鉄興産

バス事業の営業の一部を譲渡
（2001.12.1）

相鉄バス

相鉄準備会社

相模鉄道

相鉄ホールディングス

事業継承・改称
（2009.9.16）

改称（2009.9.16）

JR線直通車両として2019年4月に登場した12000
系。2019年にグッドデザイン賞を受賞している。

CHAPTER 5

111

1917-1942
相模鉄道・神中鉄道の発足

現在の相模鉄道の前身は、茅ケ崎～橋本間を開業した相模鉄道と、横浜～海老名／厚木間を開業した神中鉄道である。両社は砂利採掘と輸送を手がけ、後に相模鉄道が神中鉄道を吸収合併したが、旧相模鉄道線は国有化されて国鉄相模線となり、旧神中鉄道線が相模鉄道に残った。

開業当初の三ツ境駅（左）と瀬谷駅（右）。駅周辺はまだ開発の手が入っておらず、列車は蒸気機関車牽引だった。写真提供／相鉄グループ

相模川に沿って延びた相模鉄道

　明治末期には東京都心を起点に、現在のJR東海道本線・中央本線が開業していた。大正時代になると、両線に挟まれながら鉄道の恩恵が及んでいなかった神奈川県央部に鉄道をつくろうという機運が生まれた。相模鉄道はそうした鉄道のひとつで、相模川に沿い茅ケ崎から、鉄道院（のちの国鉄、現・JR）横浜線橋本駅へ向かう軽便鉄道免許を1916年に取得した。

　相模川の砂利採掘と輸送を主力とする相模鉄道は、1921年に茅ケ崎～寒川間、寒川～川寒川間（貨物線）を開業し、鉄道省から蒸気機関車2両、客車2両、無蓋車11両、緩急車3両の払い下げを受けて、鉄道事業を開始した。

　1923年9月に関東大震災が発生し、帝都の復旧事業により砂利の需要が急増したことから、相模鉄道の業績は大きく伸びた。

　1926年には厚木駅、31年には橋本駅まで延伸し、相模鉄道線が全通した。この厚木駅は当時の厚木の中心街から離れ、相模川の東岸の海老名村（当時）につくられた。また、倉見・社家・厚木の3駅は、駅舎、ホーム、機関庫、炭台、水槽、

倉庫などすべてが鉄骨または鉄筋コンクリート製であった。地震や火災に備えるとともにメンテナンス軽減を図ったもので、当時としては画期的なことだった。

人口が希薄だった神中鉄道の沿線

　相鉄のもうひとつの前身である神中鉄道（当時は神中軌道）は、1915年に横浜〜海老名間の軌道敷設特許（762mm軌間）を請願、翌16年に特許された。その後、1918年に高い輸送力が得られる1067mm軌間の軽便鉄道に切り替えた。工事は海老名側から進められ、1926年に二俣川〜厚木間を開業した。これは相模鉄道の厚木延伸のわずか2カ月前のことであった。開業当時は蒸気機関車4両、客車2等3両・3等7両、有蓋貨車3両、無蓋貨車41両、有蓋貨車緩急車2両、無蓋貨車手用制動機付き4両の体制で、相模鉄道より車両数は多かった。運行本数は1日7往復だった。

　神中鉄道は横浜方面へ路線を延ばしていったが、終点に予定していた省線（のちの国鉄線）保土ケ谷駅が貨物駅として開業することがわかり、神中鉄道は現在の西横浜駅方面への変更を申請し、1926年に星川（現・上星川）駅延伸を皮切りに小刻みに延長し、29年に西横浜駅に到達した。

　相模鉄道・神中鉄道とも地域輸送と砂利業を営むよく似た鉄道だったが、1930年代の営業成績は対照的だった。相模鉄道は相模川筋における砂利業の経営権の大半を手中に収め、旅客・貨物とも好調。また1932年にはガソリンカーを、35年には日本初のディーゼルエンジンで発電機を起動する気動車導入した。一方で神中鉄道は沿線に田畑が多く人口が希薄だったため旅客収入は少なく、29年ごろから砂利の出荷量が減少したことから巨額の赤字に苦しんだ。

　このような中で神中鉄道は省線の側線を借りた形で、1931年に西横浜〜平沼橋間延伸、そして33年には横浜駅乗り入れを果たした。

神中鉄道開業時の列車発車時刻

厚木駅（二俣川行き）	5時50分	8時05分	10時25分	13時10分	15時30分	17時55分	20時10分
二俣川駅（厚木行き）	6時45分	9時05分	11時40分	14時10分	16時30分	18時55分	21時15分

※『相模鉄道100年史』より。当時は12時間表記だが、この表では24時間表記に変更。

用語解説	相模川 ［さがみがわ］	富士山に源を発し、山梨県内では桂川（かつらがわ）と呼ばれ、同県東部を東に流れて神奈川県に入る。神奈川県内で「相模川」と名を変え、相模湾に注ぐ。幹川流路延長約113km、流域面積1,680㎢の一級河川。上流は主に発電用水、中下流部では農業用水、水道用水などに利用される。

1943-1951
相模鉄道が神中鉄道を合併

苦境に遭った神中鉄道は経営改善に努力し、沿線の特色を活かした誘客を仕掛けたが、思ったほどの効果は出なかった。そうした中で相模鉄道・神中鉄道とも東京横浜電鉄の傘下に入り、神中鉄道は相模鉄道へ吸収合併された。ところが、戦時買収で旧相模鉄道線は国有化されてしまった。

両社は東京横浜鉄道の傘下に

　横浜乗り入れを果たした神中鉄道は、厚木駅で相模鉄道と連絡していたが、小田原急行鉄道(現・小田急電鉄)河原口(現・厚木)駅とは徒歩連絡しかなかった。このため小田急との連絡を円滑にするため、相模国分～海老名間に新線を建設し、1941年に小田急との共同駅として海老名駅を新設した。また、横浜駅から小田急相模厚木(元・本厚木)駅までディーゼル自動客車(気動車)を乗り入れた。これと同時に相模国分～厚木間は貨物専用線となった。また、菊花大会、大山登山、芋掘り、茸狩り、栗拾いなど、地域の特色を活かした催事に向けた割引乗車券を発行して、誘客に励んだ。

　このように経営の不振を挽回する施策を次々打ち出した神中鉄道だったが、東京横浜電鉄(現・東急)が神中鉄道株の過半数を取得し、1939年に東横電鉄の傘下に入った。社長には後に東急電鉄の総帥となる五島慶太が就任した。

　1937年に日中戦争が勃発してから、相模鉄道沿線は農村地帯から軍需工業地帯に様変わりしていった。経済統制の強化で、物資・労働力の不足により相模鉄

神中鉄道の特殊割引による旅客誘致の例

期間		行先・催し物	区間	割引率
1930年	10月25日～11月30日	野毛山公園菊花大会	各駅～西横浜	往復乗車賃2割引
	12月16日～31日	横浜全市連合歳暮大売り出し	二俣川・常磐園下～北程ケ谷・天王町・西横浜	往復乗車賃2割引
1931年	2月11日～15日	横浜駅前大相撲	各駅～西横浜	往復乗車賃3割引(割引証ないものは2割引)
	4月23日(復興記念祭当日)	西谷浄水場	西横浜～星川	往復乗車賃　大人15銭、小人8銭に割引
	7月1日～5日	保土ケ谷バザー	星川・新川島・西谷・二俣川～北程ケ谷・天王町	往復乗車賃2割引
	8月5日～11月8日	大山登山		5人以上2割引、30人以上3割引、100人以上4割引、200人以上5割引
	9月30日～10月20日	茸狩り・栗拾い	西横浜・天王町・北程ケ谷・鶴ケ峰・二俣川・三ツ境	往復乗車賃35銭に割引

『相鉄グループ100年史』より。当時の最低旅客運賃は5銭だった。

道の経営は不安定になったが、工場の誘致に伴う旅客の増加、砂利業などで増収に努めた。ところが1940年に大株主の昭和産業から相模鉄道株が大量に放出され、それを東京横浜電鉄が取得した。この結果、1941年に相模鉄道も東京横浜電鉄の傘下に入った。さらに経営合理化を図り、43年4月1日付けで相模鉄道が神中鉄道を合併した。

茅ケ崎〜橋本間が国有鉄道に買収される

　相模鉄道・神中鉄道の合併で誕生した新生・相模鉄道（以下、相鉄）は、総営業キロ61.8kmの鉄道事業者となった。東急傘下時代の相鉄は、沿線の軍需施設への資材輸送を円滑に進めるとともに、沿線開発に力を入れた。神中線・相模線の沿線には軍需施設が増え、海軍航空隊厚木飛行場（現・在日米軍や海上自衛隊の航空基地）は1942年につくられ、神中線相模大塚駅からの貨車が基地へ送り込まれた。神中線の電化・複線化は軍からの要請でもあった。

　こうしたなかで1941年に制定された陸上交通事業調整法に基づき、44年に相模線が運輸通信省に買収、国有化された。これは重工業地帯である京浜地区が空襲されたときの迂回ルートとする目的があった。これにより、相鉄に残された路線は神中線のみとなり、神中鉄道の看板を相模鉄道に書き換えるような形で、終戦を迎えた。

　戦後の1945年6月、空襲の被害で施設が破壊され、自力での経営が困難となったため、神中線の経営を東京急行電鉄に委託することとなった。これにより相鉄は砂利業に専念でき、将来の飛躍に備えた。鉄道業の経営委託は1947年5月を持って解除された。

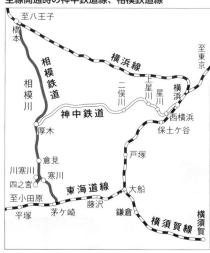

全線開通時の神中鉄道線、相模鉄道線

『相鉄グループ100年史』より

用語解説 陸上交通事業調整法
［りくじょうこうつうじぎょうちょうせいほう］

昭和初期、乱立気味だった交通機関同士の過度な競争を防止し、利便性の低下による弊害を避けるために制定された。1938年に施行され、鉄道・バス会社の整理統合が進んだ。同法の指定を受けた地域は、東京市とその周辺、大阪市とその周辺、富山県、香川県、福岡県である。

1952-1961
横浜駅西口を開発して都市鉄道へ

旧神中鉄道線のみが残った相鉄は、路線の電化・複線化を進め、近代化を図っていった。その後、横浜駅西口の土地を取得したことで、相鉄は西口に繁華街を設ける計画を立て、現在に続く西口の繁栄を築くきっかけをつくった。画期的な5000系が登場したものこのころである。

社運をかけて横浜駅西口に繁華街を計画

　相鉄本線は1951年に西横浜〜上星川間を皮切りに複線化を進め、1953年11月ダイヤ改正では朝ラッシュ時に横浜〜西谷間で5分間隔運転が実現した。砂利業も好調で、相鉄の砂利生産業は関東地区生産量の40%近くを占めるまでになった。これを背景に、1948年には西横浜〜国鉄保土ケ谷間に貨物連絡線を開設し、相鉄が採取した砂利を全国へ輸送した。

　1928年に3代目となる東海道本線横浜駅が設けられたが、当時は市街地から遠く離れていた。戦後の西口は貯木場や倉庫、資材置き場、砂利が積まれた光景が広がり、「場末」感はぬぐえなかった。さらに西口にはスタンダード・ヴァキューム・オイル・カムパニー（後のエクソン・モービル）が所有する土地があった。1908年に同社の貯蔵基地が立地したが、関東大震災でタンクから漏れた油が引火し、周辺が火の海となったことで、その後の住民は貯油タンクを設けることに反対し、荒れ地になっていた。その土地が1952年に売却され、相鉄が取得に成功した。

　相鉄はここに繁華街を設ける計画を立てたが、営業キロ24.3kmの地方私鉄の身には手に余るのではないかと心配する声が上がった。とはいえ、このころの横浜駅は国鉄・私鉄あわせて1日に50万人が利用する駅で、相鉄は社運をかけて計画を進めた。

　相鉄は百貨店の髙島屋に出店

横浜駅西口の土地はスタンダード社から取得した。今からは想像もできない荒れ地だった。写真提供／相鉄グループ

を打診し、1956年に髙島屋ストアを含む横浜名品街を開業した。翌57年にはレストラン・結婚式場・映画館が入居する横浜文化会館、59年には髙島屋ストア跡地に横浜高島屋が開業した。

横浜駅西口に髙島屋ストア・横浜名品街などが開業した。
写真提供／相鉄グループ

旧型車を置き換え、画期的な新型車を導入する

　車両については、東京急行電鉄に経営を委託していた時代から変わらない旧型車両が運用されていた。昭和30年代は各社で旧型車の置き換えが盛んになった時期である。その流れの中で相鉄は1955年にボディマウント構造の5000系を導入、当時流行した正面2枚窓の「湘南形」を採用した。直角カルダン駆動の主電動機、台車ばね下重量の軽減、軽量車体など、大手私鉄以外で高性能電車が採用されたのは相鉄5000系が初めてだった。

　さらにラッシュ時の混雑が顕在化してきたため、1961年に20m級車体、両開き4扉車の6000系を導入した。5000系以降、相鉄の車両は他社にはあまり例の

当時流行した「湘南形」を取り入れた5000系が横浜駅に停車中。ボディマウント構造、直角カルダン駆動の採用など、最新の技術を導入した。写真提供／相鉄グループ

ない直角カルダン駆動の主電動機を採用し、それはJR東日本E231系ベースの10000系を導入するまで続いた。

　また、1960年には日中に横浜駅西口へショッピングに出かける旅客の便を図り、「おかいもの電車」の運行を開始した。

用語解説　東海道本線
［とうかいどうほんせん］

1都2府6県にまたがる東京〜神戸間589.5km（支線を除く）を結ぶ、日本の大動脈のひとつ。1872年に日本で初めて開業した新橋〜横浜（現・桜木町）間をはじめ、関西初の鉄道である大阪〜神戸間など、日本の黎明期の鉄道がつながって東海道本線を形成した。

》》》 1962-1973
かしわ台工機所が完成

横浜駅西口の土地を取得し、繁華街を育てていった相鉄は、さらに発展することを願い、当時、東洋一の規模を持つ地下街を建設した。鉄道業では1963年に5両編成電車の運行、翌64年に準急を急行に格上げ、67年に車両の保守、留置を行う電車基地を新設した。

二大事業への意欲を示し、完成へ邁進

1日に約50万人が利用する駅前に繁華街はなくてはならないと社運をかけて計画を進めた相鉄は、1962年に横浜ステーションビル、64年にダイヤモンド地下街（現・ジョイナス）を開業した。このダイヤモンド地下街は、クルマでの来街者の利便性と将来的な駐車場難を考慮し、商店街140店、駐車場362台収容からなる地下2階建て、31,379㎡という、当時東洋一の規模を持つものだった。

また、昭和30年代には国鉄根岸線の大船延伸、横浜市営地下鉄3号線（現・ブルーライン）の横浜駅西口乗り入れが計画され、商圏の拡大と横浜駅西口利用者の激増が予想された。これを機に相鉄は横浜駅西口の再開発計画を立て、1967年に横浜駅名品

1973年に新相鉄ビル第1期工事が完成し、相鉄ジョイナスが完成。写真提供／相鉄グループ

街・相鉄文化会館・相鉄会館と一体化した新相鉄ビルを計画し、1973年5月に新相鉄ビルの愛称が「相鉄ジョイナス」と名付けられ、11月に開業した。これらの施策により、横浜駅西口は**伊勢佐木町・元町**に引けをとらない一大繁華街となった。

また、鉄道空白地帯である横浜市西部、藤沢市北西部、茅ケ崎市北部を縦貫して、国鉄平塚駅に至る24.9kmの新線建設を計画した。この新線は1968年12月に免許を取得した。横浜駅西口の再開発と新線は、当時の相鉄の二大事業である。

木造駅舎の鉄筋橋上化を進める

新造車の投入と並行して、駅舎の整備と諸設備の増強も進められた。大和駅は1958年の火災により焼失したが、翌59年に鉄骨造りの駅舎に再建された。その際に小田急江ノ島線ホームとの連絡跨線橋、駅ビルである相髙大和店への連絡口、地下改札口などを建設した。1962年には鶴ケ峰駅を橋上駅舎化、さらに1964年には二俣川駅の橋上駅舎が完成した。このとき二俣川駅には相鉄初の軟式乗車券自動印刷発売機(10円区間)を設置した。

同64年11月には準急を急行に格上げすると同時に、大和〜相模大塚間にて米軍厚木基地に離着陸する航空機に対する防護トンネルが完成し、安全の向上が図られた。なお、同日に小田急本厚木駅への乗り入れが廃止されている。

車両の増備に伴って既存の車両基地では手狭になったことから、1966年に大塚本町(現・さがみ野)〜海老名間に新たな車両基地となる電車基地(現・車両センター)の建設に着手した。翌67年、電車基地に星川電車区・車掌区が移転、71年に修車工場、事務所棟が完成し、星川修車区が移転した。電車基地は「かしわ台工機所」と名称が変更され、年間の検修能力は従来の216両から432両に増強された。

1971年に修車工場と事務所が完成し、かしわ台工機所が発足した。周辺はまだ田畑が広がっていたころだ。写真提供／相鉄グループ

用語解説

伊勢佐木町
[いせざきちょう]

横浜市中区の町名で、狭義にはJR関内駅から南西方向に延びる商店街を指す。明治初期に興行街が開かれたが、戦後は占領軍によって接収されるものの、1951年ごろから順次返還された。かつては映画館も多くあり、またフォークソングデュオの「ゆず」が無名時代に、長年路上ライブを行っていた。

1974-1979
いずみ野線が開業

二俣川〜平塚間の建設は、横浜駅西口の再開発と並んで、この当時における相鉄の二大事業だった。住宅地開発とセットで鉄道工事を進め、1976年に二俣川〜いずみ野間が開業、新線は「いずみ野線」と名付けられた。1979年度には、1日平均乗降者数が100万人を越えた。

1971年4月8日に、いずみ野線が開業。当日はいずみ野駅で開業式が挙行され、11時17分に祝賀列車が横浜へ向かって出発した。写真提供／相鉄グループ

起伏が大きい丘陵地に鉄道を新設

いずみ野線の建設計画は1960年代からあった。相鉄は二俣川〜杉田海岸間、二俣川〜原町田間の新線免許申請を行っていたが、在日米軍上瀬谷通信施設の電波障害問題により実現が困難になり、1967年に取り下げ、新たに二俣川〜平塚間の免許を申請した。

相鉄は住宅地開発とセットして鉄道建設工事を始め、1976年にいずみ野線二俣川〜いずみ野間が開業した。これまでこの地区は相鉄本線、小田急江ノ島線、国鉄東海道本線・横須賀線のいずれにも遠く、バスだけが頼りだった。いずみ野線の開業により、沿線住民の交通利便が飛躍的に向上し、地域発展が促進されることとなった。なお、いずみ野線開業により、横浜〜海老名間は「本線」と命名されている。

いずみ野線開業初年度の1日平均乗降者数

駅名	乗降客数(人)
南万騎が原	1,583
緑園都市	1,693
弥生台	1,295
いずみ野	3,722

※『相鉄グループ100年史』より

　いずみ野線開業初年度の1日平均乗降者数は表の通りである。利用者の増加率は毎年1〜2割ずつで、相鉄が住宅分譲を行った年は5〜7割の増加となった。列車本数は二俣川駅折返しを含めて、開業当時は1日に上下121本だったが、利用者の増加に合わせて1987年4月ダイヤ改正では、同211本になった。

　沿線の緑園都市は相鉄が最も力を入れた事業で、コミュニティセンター、スポーツクラブなどもつくり、フェリス女学院大学を誘致した。

輸送力の増強で1日平均乗降者数が100万人を越える

　相鉄は1962年に策定した鉄道輸送5ヶ年計画に従い、車両の増備を進めた。かしわ台工機所の新設はその一環で、1975年8月には工機所最寄りにかしわ台駅を新設した。さらに同日、大塚本町駅を約900m横浜方に移設して、さがみ野駅に改称した。

　この時期は輸送力増強計画の進展により、列車が長大編成化してきた。これに対応するため、駅の改良工事が積極的に進められた。1968年に完成した天王町（てんのうちょう）駅付近の高架化、1971年8月には、新相鉄ビル第1期工事の一環として進めていた横浜駅改良工事の一部が完成し、新駅舎が営業を始めた。長さ210m、3線4面のホームは1974年2月に完成している。

　いずみ野線の開業と鉄道輸送5ヶ年計画により、1977年度の運輸収入は100億円の大台を超えた。その後も利用者は増え続け、同77年度の1日平均乗降者数は95万6,000人、78年度は99万3,000人、79年度は101万1,000人と、100万人の大台を超えた。乗客数の増加はいずみ野線の開業もさることながら、さがみ野駅や、小田急線との連絡駅である大和駅、海老名駅での増加が目立った。

大塚本町駅を約900m横浜方へ移転して。1975年に開業した現在のさがみ野。当駅のすぐ西に座間市と海老名市の境界があり、当駅は海老名市に位置する。

用語解説

上瀬谷通信施設
[かみせやつうしんしせつ]

旧日本海軍の基地を、戦後米軍が接収し、通信基地としたもの。アメリカ国家安全保障局（NSA）の電波受信施設だった。敷地面積は横浜市瀬谷区の約15%を占めて、同機の北半分は1995年まで米軍により「電波障害防止地域」に指定されていた。2015年に土地全体が日本に返還された。

1980-1990
大手私鉄の仲間入りを果たす

鉄道輸送5ヶ年計画により、保有車両数が増加するとともに、列車の10両編成運転が始まった。一方、相鉄の二大事業は、いずみ野線延伸が地価高騰と工費の上昇などで遅れてしまった。しかし、平成に入ると横浜駅西口の再開発事業の着手とともに、いずみ野線の延伸も進んだ。

収支の条件が整えば、1駅でも延伸する

列車の10両編成運転は1981年4月から始まり、87年4月からはラッシュ時の急行がすべて10両編成となった。また、乗客サービスの一環として、1987年3月に関東私鉄で初めて車両の冷房化率100%を達成している。

車両については、1975年に本格的なアルミ車7000系を投入後、相鉄の車両はアルミ車が中心になった。1987年には3010系1編成でVVVFインバータ制御を試用し、これを踏まえて1990年にVVVFインバータ制御を本格採用した8000系が投入された。

いずみ野線の開業で、沿線は横浜市で最も人口増加率が高い地区となったが、一方で地価高騰により用地確保が困難になり、さらに工事費の上昇で建設費が高騰したことで延伸に時間がかかった。しかし、沿線住民の強い期待や横浜市の整備計画に含まれたことから、1986年に延伸計画に着工した。その後、バブル経済崩壊から不況に入ったため、工事の進行具合は遅くなったものの、「収支の

20m級の7000系は本格的なアルミ車として、1975年に登場。全車が日立製作所で製造された。

環状4号線を跨ぐいずみ野線の橋梁は、曲線を活かしたデザインで周辺景観との調和を図るニールセン橋を、日本の在来鉄道で初めて採用した。

条件が整えば1駅でも延伸する」との方針のもと、1990年にいずみ中央駅、1999年に湘南台駅まで達した。

本線では1986年に大和駅周辺の連続立体交差工事に着手し、93年に地下ホームの使用を開始、これに伴い周辺6カ所の踏切が廃止された。

グラフィックカー「緑園都市号」は、1987〜2003年に運用された。イラストは柳原良平氏による「横浜八景」。

ラッピングカーなど特別仕様を施した車両が多いのも相鉄の特徴だ。1983〜91年には横浜駅乗り入れ50周年記念電車「ほほえみ号」、1987〜2003年にグラフィックカー「緑園都市号」、1989〜2003年には版画家、池田満寿夫氏がデザインした「アートギャラリー号」を運行した。これらはいずれも新6000系が充当された。

順調に経営規模が拡大した相鉄は、1990年に日本民営鉄道協会から大手私鉄の認定を受けている。

総合サービス企業集団を目指して

相鉄は1986年に、「総合サービス企業集団への途」という副題を付けた1986年度経営政策を発表した。表のような経営基本方針を盛り込んだこの政策は、1990年代の経営の方向性を決定づけることとなった。

ポイントは「総合」である。一例を示すと、駅を鉄道業の一施設としてではなく「地域の玄関」「サービスセンター」ととらえ、住宅開発や各種サービスと一体化させてハイレベルなサービスを提供する――という方向性を意味する。これにより2つのビッグプロジェクトを進めながら新たな事業を展開していくこととなった。

1986年度経営政策の基本方針

①既存事業の拡大強化と新規事業分野への積極的参入
②相鉄グループ各社の自立と連携強化
③財務体質の改善強化
④効率的事業運営を目指す組織体制の確立と強化
⑤社員各自が有する能力の開発とその積極的活用
⑥良好なる労使関係の確立・維持

※『相鉄グループ100年史』より

用語解説 **池田満寿夫** [いけだますお]

1934年、旧満州国生まれ、戦後に長野県で育つ。1965年にはニューヨーク近代美術館で、日本人として初めて個展を開いた。以後、絵画、版画、彫刻、陶芸のほか、文学、映画まで、従来の芸術の枠にとどまらず多彩に活躍した。1997年没。

1991-1999
先進的な8000系・9000系の登場

総合サービス企業集団を目指す相鉄は、横浜駅西口駅前再開発事業の一環として、横浜ベイシェラトン ホテル&タワーズを開業し、ホテル業に進出した。鉄道ではいずみ野線の開業もあり、年間の輸送人員が2億人を超えた。この中で8000系・9000系の省エネ車両が誕生した。

相鉄念願のグローバルなホテル経営

　いずみ野線は1990年にいずみ中央駅まで、1999年に湘南台駅まで延伸し全通を果たした。特徴的なのはゆめが丘駅である。高架の島式ホームを囲んで扁平な円弧を描く青い鉄骨を並べ、その上に屋根を乗せたユニークな構造をしている。ホームを風雨から守る壁にはアクリル板を採用した。これらにより1999年度「第44回鉄道建築協会賞」の建築部門で入賞した。

　横浜駅西口駅前再開発事業については、駅前に位置した旧相鉄ビルなどを移転し、跡地にホテルを建設することとした。1990年代の横浜は、みなとみらい地区にパシフィコ横浜（横浜国際平和会議場）が開業するなど、コンベンションシティとして注目されていた。横浜駅西口は夜半までゆっくり過ごすアフターコンベンションの場として求められてたことから、オアシスとなるホテルが計画された。

　ホテル運営は1995年に世界最大級のホテルチェーンITTシェラトンコーポレー

横浜駅西口のランドマークになった横浜ベイシェラトン ホテル&タワーズ。グループの相鉄ホテルが運営する。

ション(現・マリオット・インターナショナル,Inc.)と業務提携を行い、98年に「横浜ベイシェラトン ホテル&タワーズ」を開業。地上27階(ホテルの呼称は28階)、地下6階の建物は、横浜駅西口正面にそびえるシンボルとなった。

21世紀にも通用する車両

　1995年度に年間の輸送人員が2億5,100人に達した相鉄は、6000系の代替として1990年に8000系、93年に9000系を導入した。8000系は「21世紀にも通用する車両」をコンセプトに開発され、9000系は8000系をベースに、よりソフトなデザインを採用した。製造メーカーも異なり、8000系は日立製作所、9000系は東急車輛製造(現・総合車両製作所)である。これらを含めて、1985〜2001年度に7000系10両、新7000系60両、8000系130両、9000系70両の計270両を増備し、90年12月には保有可動客車400両を突破した。

　かつては経営の柱のひとつだった砂利業は、仕入れ価格や輸送料の高騰、販売価格の下落により、直営で事業を続けることが難しくなり、2001年10月に関連企業の相鉄興産に譲渡している。また、神中鉄道開業以来行われてきた貨物輸送は、1986年以降、米軍基地への燃料輸送のみとなっていた。この輸送契約が終了し、1998年10月1日に相鉄の貨物列車の運行は休止となった。最終運行は9月28日に厚木〜相模大塚間で行われた。

1990年に登場した8000系。直角カルダン駆動のアルミ車で、日立製作所が製造した。総数は10両編成13本、130両である。

1993年に登場した9000系。VVVFインバータ駆動で、相鉄としては異例の東急車輛製造(現・総合車両製作所)製である。

用語解説　パシフィコ横浜
[ぱしふぃこよこはま]

みなとみらい21地区の海沿いに、1991年に開館したコンベンションセンター。イベント、コンサートなどが行われ、面積は2万㎡、最大天井高19mを誇る展示ホールのほか、国際会議場を開催できる約5,000人収容可能な国際会議場、約50の会議室がある会議センターなどがある。

2000-2012
「選ばれる沿線」の創造に向けて

相鉄の母体である相模鉄道と神中鉄道は、ともに1917年12月に創立総会を開催した。そして相鉄は2017年度に迎えた創立100周年を「第2の創業期」と位置付けた。グループが成長を続けるためには「選ばれる沿線」になることが重要で、魅力ある相鉄線沿線を創造する取り組みが進められた。

相鉄グループは相鉄ホールディングスの傘下に運輸業、流通業、不動産業、ホテル業などの子会社が集まる持株会社制に移行した。

持株会社制に移行する相模鉄道

　バブル経済の崩壊以降、経済・社会情勢の変化により、相鉄の事業環境は厳しくなってきた。鉄道業の輸送人員は少子高齢化や景気の低迷により1995年度の2億5,141万人をピークに減少が続いた。不動産業の分譲部門では、相鉄が従来得意としてきた長期的かつ大規模な面開発から、よりリスクの少ない短期回転型の開発への転換が必要となった。

　そこで相鉄は「選択と集中」によるグループ事業の再編を進める一方で、相鉄本社で抱えていた不動産業、商事業を分社化していった。これにより残った鉄道業・自動車業は「社内カンパニー」とみなしてグループ経営と分離、鉄道業は相鉄準備会社へ会社分割により継承させ、2009年9月に相鉄は持株会社「相鉄ホールディングス」（以下、相鉄HD）に、相鉄準備会社は「相模鉄道」（同、相鉄）と商号を変更した。翌10年10月には自動車事業を分社して、相鉄HDは純粋持株会社となっている。

　現在、相鉄グループの運輸業は鉄道とバスであるが、かつてはタクシー・ハイヤー業を行う相鉄自動車も存在した。しかし事業環境が一段と厳しさを増したため、2012年6月に日本交通と日交データサービス（現・Japan Taxi）に株式を譲渡し、相鉄グループはタクシー・ハイヤー業から撤退した。

JR東日本車ベースの車両を導入

　「選択と集中」によりグループの運輸業、流通業、不動産業を再編した一方で、「選ばれる沿線」になるため、相鉄線沿線をすべての年代の人々に暮らしやすい街にする「ターンテーブル・モデル」を設定し、これに基づいて「ときめきとやすらぎが調和した魅力あふれる街づくり」を進め、グループ全体のブランド力向上を目指した。

　2000年代に入り鉄道業はさらなるシームレス化と速達性が求められ、2005年に都市鉄道等利便増進法が公布された。関東の大手私鉄で唯一、東京都心にターミナル駅を持たない相鉄は、沿線と都心を結ぶ相互直通運転を構想した。沿線の価値を高める施策のひとつである。それに先だって、2002年に9年ぶりの新車として、JR東日本E231系をベースとする10000系を、09年にはE233系ベースの11000系を導入した。また、2006年に施行された**バリアフリー新法**に基づき、相鉄は09年までに全駅でバリアフリー化を実現し、その後も昇降機の増設などを行っている。

JR東日本の通勤型電車をベースに製造された10000系（左）と11000系（右）。10000系は10両編成3本と8両編成5本、11000系は10両編成5本が在籍する。

<table>
<tr><td>用語
解説</td><td>バリアフリー新法
［ばりあふりーしんぽう］</td><td>正式名称は「高齢者、障害者等の移動の円滑化の促進に関する法律」。鉄道事業者について「駅の出入り口からプラットホームへ通ずる経路に付いて原則としてエレベーター、またはスロープにより、高低差を解消すること」などを定めている。</td></tr>
</table>

SOTETSU 55

2013-
念願の「都心との相互直通運転」へ

都市鉄道等利便増進法の公布に基づき、相鉄は東京都心への直通事業を進めていった。それは横浜市西部、神奈川県央部から都心、新横浜駅への利便性を飛躍的に向上させるものだった。あわせて創立100周年を迎えることを踏まえ、車両を含めたデザインのリニューアルを図った。

「デザインブランドアッププロジェクト」を実施

都心への直通構想は、西谷駅からJR東日本東海道貨物線横浜羽沢駅付近まで連絡線を建設し、相鉄とJR東日本が相互直通運転を行う「相鉄・JR直通線」と、横浜羽沢駅付近から新横浜付近を経由して東急電鉄日吉駅の間に連絡線を建設する「相鉄・東急直通

相鉄・JR直通線を経由し、JR山手貨物線を走る12000系。

線」の2つからなる。「相鉄・JR直通線」は2019年11月30日に、「相鉄・東急直通線」は2023年3月18日に開業し、相鉄は海老名方面からJR埼京線・東急目黒線、湘南台方面から東急東横線を経由して東京メトロ副都心線・南北線、埼玉高速鉄道、都営地下鉄三田線、東武鉄道東上線へ乗り入れを開始した。

これにあわせて相鉄HDは「デザインブランドアッププロジェクト」を立ち上げた。創立100周年を踏まえるとともに都心への相互直通運転を見据えて、認知度やブランドイメージの向上を目的とするもので、駅舎・車両のデザインから現場職員が着用する制服まで、統一されたデザインコンセプトに基づいて、デザインリニューアルが行われた。

車両の外装については横浜が刻んできた歴史をイメージした「YOKOHAMA（ヨコハマ）NAVYBLUE（ネイビーブルー）」を採用、2016年4月に9000系をリニューアル車両第一弾としてこの

デザインでの運行を開始した。また、都心直通車両の12000系、20000系、21000系は当初から「デザインブランドアッププロジェクト」の統一コンセプトを反映して製造された。

本線の連続立体交差事業を推進

　都心直通に先駆け、相鉄は速達性の向上を目的に、2014年から日中時間帯に本線といずみ野線に新しい列車種別「特急」を設定した。停車駅は本線が横浜・二俣川・大和・海老名、いずみ野線が横浜・二俣川・いずみ野・湘南台の各駅であった（現在は西谷も特急停車駅）。

　本線は大正時代に開業した区間が多く、大半が地平に延び、踏切も多かった。天王町駅から横浜新道との交差付近までの区間は9カ所の踏切があり、慢性的な渋滞および地域の街づくりや交通安全上の課題となっていた。このため横浜市は連続立体交差事業を推進することとし、都市計画事業認可を受けた。2017年に下り線、翌18年に上り線が高架化され、23年には高架下区間にスーパーマーケットやカフェなどが出店する「星天qlay」第1期がオープンした。

　都心直通後も相鉄HDは、横浜駅周辺大改造計画（エキサイトよこはま22）における横浜駅きた西口鶴屋地区第一種市街地再開発事業を推進するとともに、星川・天王町間の整備計画、いずみ野線の泉ゆめが丘地区土地区画整理事業など、大きな整備計画が続いている。相鉄グループは、次の100年も成長し続ける企業集団であるため、変化を恐れず、スピード感を持って挑戦していく。

高架工事中の相鉄本線。交通安全と渋滞の解消、さらに街の分断解消が図られる。

用語解説　**横浜新道** ［よこはましんどう］

横浜市神奈川区立町から横浜市戸塚区上矢部までの国道1号バイパスで、神奈川区立町〜保土ケ谷区常盤台間は無料区間、常盤台〜戸塚区上矢部町間は有料区間である。有料区間の全町は11.3km。相鉄本線とは有料区間が交差し、鉄道が地平、道路が高架で乗り越えている。

厚木飛行場への専用線

廃線跡の痕跡はすっかりなくなった

ほぼ同一地点から撮影した厚木航空隊線跡。左は2014年撮影で、まだ架線・架線柱、警報機、さらにレールも残されていた。右は2023年撮影。軌道敷は整備され、トランクルームが置かれている。この先は厚木基地に突き当たる。

　神奈川県綾瀬市と大和市にまたがる厚木海軍飛行場は、戦前は海軍航空隊の基地だったが、戦後は米軍に接収され米海軍と海上自衛隊が共同使用する軍事基地となった。かつては相鉄本線相模大塚〜さがみ野間から当基地に向けて単線の「厚木航空隊線」が分岐し、米海軍への燃料輸送のためタンク車が国鉄（現・JR）横須賀線田浦駅や鶴見線安善駅から、国鉄相模線〜相鉄厚木線を経由して、行き来した。しかし、貨物輸送は1998年に運転が休止され、航空隊線も後に廃線となった。

　厚木駅に到着した貨物列車は、直接航空隊線に入るのではなく、いったん相模大塚駅の構内に入線し、そこからスイッチバックした。相模大塚駅の構内に側線が多いのは、燃料輸送用のタンク車を留置していた名残である。

　廃線からしばらくの間はレールや踏切の脇に立つ信号機器を収めた大型の箱、架線柱が残されていたが、2020年ごろから撤去が始まった。現在はかつての軌道敷に民家やトランクルームが建って緩くカーブする道路以外に、ここに貨物列車が走っていたことを物語るものがなくなっている。

かつては線路がフェンスの向こうの基地まで続いていた。

CHAPTER 6 第6章

相鉄グループの
魅力 がもっとわかる

東京都心直通を成し遂げた相模鉄道は、相鉄グループとともに新たなステージに入った。便利で使いやすい、そして住みやすい沿線をつくり上げるために、グループをあげて発信している魅力を見ていきたい。

≫≫ 自社線内だけでなく、近隣の鉄道とも連携
≫≫ 相鉄のお得なきっぷ

所用や観光に便利な企画きっぷを設定している鉄道事業者は多い。相模鉄道では自社線内のフリーきっぷを含めて、6種類のお得なきっぷを発売している。このなかには近隣の鉄道会社と連携して、観光で使用すると便利でお得なものが含まれ、自社線の利用を促進する役目も果たしている。

自社線乗り放題のほか、他社提携の企画乗車券も

　相模鉄道では、6種類の企画乗車券が発売されている（2023年10月現在）。最もスタンダードなのが、相鉄の鉄道全線が乗り放題となる「相鉄・鉄道全線1日乗車券」だ。880円で発売当日限り有効、湘南台・ゆめが丘〜新横浜間（片道440円）の往復でモトが取れる計算になる。横浜〜海老名間は片道330円なので、単純往復ではモトが取れないが、初乗りが160円（磁気券の場合。区間により異なる場合もある）のため、短距離であっても6回以上乗り降りを繰り返すほどお得に。ちなみに、全線乗車の普通運賃は1,160円（横浜→新横浜→湘南台→海老名）、または1,170円（横浜→海老名→湘南台→新横浜）である（いずれも磁気券の場合）。

　ほかの5種類はいずれも他社との提携だ。「箱根フリーパス」は小田急電鉄や箱根登山鉄道などとの提携で、箱根エリアのケーブルカーやロープウェイ、路線バスなどの指定区間が乗り放題になる。2日用と3日用があり、スケジュールの

相鉄のお得なきっぷ

名称	内容	発売額	備考
相鉄・鉄道全線1日乗車券	相鉄の鉄道全線が発売当日限り乗り降り自由	880円（小児220円）	磁気券、IC乗車券
箱根フリーパス	箱根登山鉄道（電車、ケーブルカー、ロープウェイ）・箱根海賊船・小田急ハイウェイバス（指定区間）・箱根登山バス（指定区間）・観光施設めぐりバス（箱根登山バス）・東海バス（指定区間）が乗り降り自由。相鉄線・小田急線（発駅〜小田原間／海老名乗り継ぎのみ）は1往復に有効で、途中下車の制限はない	横浜発6,220円（小児1,390円）：2日用／同6,620円（小児1,640円）：3日用など	2日間または3日間有効。箱根の指定施設割引サービスあり。磁気券のみ
江の島・鎌倉フリーパス	小田急線（藤沢〜片瀬江ノ島間）と江ノ電全線が1日乗り降り自由。発駅〜藤沢間（大和乗り継ぎのみ）は1往復に有効で途中下車可	横浜発1,530円（小児690円）など	江の島・鎌倉の指定施設割引サービスあり。磁気券のみ
丹沢・大山フリーパス	小田急線（本厚木〜渋沢間）と神奈川中央交通（バス）の本厚木〜渋沢エリアの指定区間、大山観光電鉄（Aきっぷのみ）全線が2日間乗り降り自由。発駅〜本厚木間（海老名乗り継ぎのみ）は1往復に有効で途中下車可	横浜発Aキップ2,470円（小児1,210円）／Bキップ1,520円（小児690円）など	パンフレット記載施設割引サービスあり。磁気券のみ
相鉄みなとぶらりチケット	横浜市営地下鉄・バスの指定区間が1日乗り降り自由で、発駅〜横浜間の相鉄線が往復割引に	海老名発1,020円（小児510円）など	提携施設の割引サービスあり。磁気券のみ
相鉄MMチケット	みなとみらい線（横浜〜元町・中華街間）が当日乗り降り自由で相鉄線発駅〜横浜間の往復がセット	湘南台発1,030円（小児520円）など	提携施設の割引サービスあり。磁気券・IC乗車券

アレンジがしやすいのも魅力。また、小児運賃が割安に設定されており、家族旅行にもありがたい存在だ。

そのほか、行楽向けきっぷとして寺社巡りや散策に便利な「江の島・鎌倉フリーパス」、ハイキング向けの「丹沢・大山フリーパス」がラインアップされている。他社提携のうち、ここで挙げた3種類はいずれもアプローチとなる相鉄線・小田急線内で途中下車ができるので、使い方次第でさらにお得になる（例：箱根フリーパスの場合 発駅～小田原駅間の往復1回限りの範囲内で可能）。

横浜エリアに便利な乗り放題きっぷ

横浜エリアでは「相鉄発みなとぶらりチケット」と「相鉄MMチケット」を発売している。前者は横浜市営地下鉄と市営バスの指定区間が発売当日に限り乗り放題で、相鉄線内の発駅と横浜駅間の往復が割引運賃となっている。後者は横浜高速鉄道との提携で、みなとみらい線横浜～元町・中華街間が乗り放題となる。「みなとぶらりチケット」の市バスフリー区間は、みなとみらい21地区、山下公園、元町、中華街、桜木町、関内、野毛エリアがカバーされている。「MMチケット」のみなとみらい線がこのエリアに入っているので、現地での行動を考慮してきっぷを選ぼう。

紹介した6種類のお得きっぷは、いずれも提携施設における割引サービス（「相鉄・鉄道全線1日乗車券」を除く）があるので、パンフレットなどを参考に上手に利用してみたい。

相鉄のお得なきっぷは6種類が用意されている。いずみ中央駅からもこれらの企画きっぷは発売されており、所用に、観光に重宝する。

用語解説	箱根登山鉄道 [はこねとざんてつどう]	箱根地区を中心に事業展開をしている私鉄会社。小田原～強羅（ごうら）間を結ぶ鉄道線（箱根登山電車）と強羅～早雲山（そううんざん）間の鋼索線（箱根登山ケーブルカー）、早雲山～桃源台（とうげんだい）間の箱根ロープウェイのほか、不動産や温泉事業など運営している。小田原～桃源台の乗り継ぎは箱根観光の人気ルートだ。

SOTETSU 57

持続可能な社会の実現を目指す サステナビリティへの取り組み

近年の気候変動や生物の多様性、ビジネスと人権など、環境や社会課題について、企業がいかに取り組んでいるかに関する関心が高まっている。相鉄グループではサステナビリティ方針を策定し、新たな推進体制を構築していく。

地域社会の豊かな発展に貢献するため

サステナビリティ（Sustainability）とは一般に「持続可能性」と訳されている。もともとは水産分野で限られた水産資源やその利用などに関連する用語であり考え方だったが、近年では環境保全やエネルギー分野をはじめ経済や政治、文化など幅広い分野で認識されるようになった。

相鉄グループは、経営理念の基本理念である「快適な暮らしをサポートする事業を通じてお客様の喜びを実現し、地域社会の豊かな発展に貢献します」の実現のため「サステナビリティ方針」を策定した。

この方針では、さまざまなステークホルダーとの協働のもと、事業活動を通じた何世代にもわたり暮らし続けられる街づくりを起点とし、グループを取り巻く環境・社会・課題の解決に向けた取り組みを通じて、持続可能な社会の実現に貢献できる企業を目指すとしている。そして取り組みを推進するため、図の体制を構築した。

経営理念とサステナビリティ方針に基づく形で長期ビジョンがあり、中期経営計画を立案、現場へと活かされてゆく。

また、相鉄ホールディングスは

相鉄ホールディングス（株）取締役会

主な役割
・サステナビリティの取組の基本方針その他重要事項の決議（すべての取締役）
・業務執行の監督（すべての取締役、監査役）

相鉄グループ サステナビリティ委員会

主な役割
・サステナビリティに関する基本方針、その他重要事項の立案
・グループ年度サステナビリティ取組計画の決議
・サステナビリティに関する目標（KPI）のモニタリング、評価分析

委員長：相鉄ホールディングス（株）社長
委員：相鉄ホールディングス（株）経営戦略室長、総務担当役員、各社社長

相鉄グループ サステナビリティ推進会議

主な役割
・グループ年度サステナビリティ取組計画の事前審議
・グループ年度サステナビリティ取組計画の推進状況の管理、評価、検証
・各社別年度別サステナビリティ取組計画の報告

委員長：相鉄ホールディングス（株）経営戦略室長
委員：各サステナビリティ担当役員

各 社 　　　 各 社 　　　 各 社

2022年3月にTCFD（気候関連財務情報開示テスクフォース）に賛同。TCFDが提言する気候変動に伴う事業リスクなどを分析し、気候変動に関する情報開示を進めることを表明した。

より安心して利用できる鉄道の実現に向けて

サステナビリティ経営の推進にあたっては、4つの重要課題を設定した。「安全・安心」「環境」「社会」「ガバナンス※」がそれで、おのおのについて取り組みの指針を掲げている。

鉄道事業における「安全・安心」分野では、ホームドアの設置を継続、2024年度までに海老名駅を除く全駅への設置を計画している（全駅設置は2027年度目標）。また、鉄道運転事故やインシデントについては各年度ともに「ゼロ」に。運転上の安全と合わせ従業員の健康と安全の確保に務め、育児・介護の両立支援なども進行中だ。

「環境」分野では気候変動の緩和と適応への取り組みを発表。具体的には温室効果ガスの排出量削減について、鉄道事業で使用する電力に関連する排出量を2030年度までに46％削減（2013年度比）としている。そのほか、廃棄物などの削減も掲げて、環境問題に臨んでいる。

整備が進むホームドア。2024年度までに海老名駅を除く全駅、27年度までに海老名駅にも設置予定だ。

用語解説　インシデント

交通や情報分野などで用いられている言葉で、事故にまで至らなかった異常事態を指す。鉄道事業法における「列車又は車両の運転中における事故が発生するおそれがあると認められる国土交通省令で定める事態が発生したと認めるとき」は国土交通大臣への報告義務がある。

※「ガバナンス」とは企業運営にあたって求められる統治・支配・管理を指す。

》》》デジタル技術を活用し、効率化を推進 DX・ICTへの取り組み

近年、各方面でデジタル技術を活用したサービス向上と業務の効率化が求められ、さまざまな企業でDX・ICTの取り組みが進んでいる。相鉄グループでは各社のコンテンツを集約して、ワンストップでサービスを提供できるアプリを開発するなど、顧客接点を中心に「攻めのDX」を推進する。

ホテルのチェックイン・チェックアウトを、端末を使って行ったり（左）、スーパーマーケットの精算をセルフレジで行う（上）など、相鉄グループの企業でもデジタル技術を使った進化は顕著だ。写真提供／相鉄グループ

デジタル化のトレンドを積極的に取り込む

デジタル化は各分野で深化し続けている。相鉄グループでは、2021年に「長期ビジョン"Vision2030"」とともに「第6次中期経営計画（2022〜24年度）」を策定、DX・ICT化推進に取り組んでいる。

DX・ICTとは、ビジネスや日常生活におけるデジタル技術の活用を指す言葉だ。

相鉄Styleアプリのおもな機能

名称	内容
①出かける	鉄道・バスの時刻表や駅情報、運行情報など
②健康になる	AI健康アプリ「カロママ プラス」
③買う・食べる	「相鉄沿線名店プロジェクト」の紹介や商業施設に関する情報など
④楽しむ・見つける	魅力的なお出かけスポットや、イベントに関する情報など
⑤沿線で暮らす	相鉄線沿線の住まいや暮らしに関する情報など
⑥泊まる	横浜ベイシェラトン ホテル＆タワーズや相鉄ホテルズに関する情報など
⑦相鉄ファンになる	鉄道・バスの車両図鑑やグループ各社のSNSのご紹介など
⑧相鉄のこれから	相鉄グループの沿線開発やサステナビリティに関する情報など
⑨経路検索	「相鉄navi」による相鉄線と相鉄バスを組み合わせた検索など
⑩公式Twitter	相鉄グループのTwitter公式アカウント「相鉄 公式」へアクセス
⑪レシート管理	「スマートレシート®」と連携。レシートの管理やクーポンの取得など

※相鉄グループ公式サイトから作成。

一般に、DX（Digital Transformation＝デジタル改革）とICT（Information and Communication Technology＝情報伝達技術）と訳され、情報伝達技術、すなわちインターネットやそのハードとしてのモバイルやパソコンなどの技術を活かすことによって、デジタル改革の実現を図るものである。そこで可能になる自動化の拡大などによる効率化や生産性の向上を目的に、各分野で導入を進めることがトレンドになっているのである。

スマートフォンアプリ「相鉄Styleアプリ」をリリース

相鉄グループではホテル業での自動チェックイン機や、スーパーマーケット業でのセルフレジの導入など、各事業でDX・ICTを推進している。

2022年6月にはスマートフォンアプリ「相鉄Styleアプリ」をリリース。鉄道やバス、商業施設など相鉄グループ各社が展開するサービスにワンストップアクセスを可能にした。鉄道・バスの利用では、（株）ナビタイムジャパンと共同開発した「相鉄Navi」を活かして列車の運行状況をリアルタイムで伝えるとともに、経路検索などを容易に。沿線の暮らしに関する情報発信やグループ各社の紹介などのコンテンツを配信している。

さらに2023年3月からは三菱電機（株）が提供する「ekinote」との連携サービスの実証実験をスタート。全国約9,100駅を拠点としたグルメやショッピング、お出かけ情報などのガイドや魅力の発信により、利便性の向上を図るとともに、沿線や地域の課題などの分析や問題解決につなげたいとしている。

こうした外部サービスとの連携を含め、デジタル技術を活かしたサービスの拡大が着々と進行中だ。

プログラミングされ自動で床掃除を行うロボットも導入された。写真提供／相鉄グループ

用語解説 スマートフォン

パソコンの機能を併せ持ち、インターネットとの親和性が高い多機能携帯電話を指す。通話だけでなく、パソコンと同じように電子メールの送受信、文書の作成・閲覧、写真・ビデオ撮影など多彩な機能を搭載する。総務省の調査よる2019年度における世帯の情報通信機器の保有状況は、スマートフォンが83.4％となり、パソコンの69.1％を越えた。

相模鉄道キャラクター「そうにゃん」が大人気 相鉄グッズとグッズストア

これまでの鉄道グッズといえば廃車体からの部品や列車の行先表示板など、車両に関するものが多かった。しかし近年は雑貨の世界にも鉄道にまつわる商品が増え、子どもを対象としたものもあるほどだ。相鉄でも鉄道好きを増やすアシストとするべく、多くの鉄道グッズを取り揃えた。

充実の品揃えでグッズ選びも楽しい

相模鉄道ではオリジナルの電車・バスグッズの品揃えも豊富だ。相模鉄道キャラクター「そうにゃん」をデザインしたグッズや日常使いに便利なアイテムなど、相鉄ファンはもちろん、ファミリー層などにも幅広く人気を集めている。

人気は相模鉄道キャラクター「そうにゃん」のグッズ。「そうにゃん つり革ラバーキーホルダー しましま ver.」（680円）や「そうにゃん フェイスマスク」（780円）、「そうにゃん　ぬいぐるみ」（2,200円）など愛らしい姿に、つい手に取ってしまうファンも多そうだ。

電車グッズでは、相鉄21000系をデザインした子ども向けの箸、「相鉄21000系 ハシ鉄」（660円）や「ゴムバンド（そうにゃん／21000系）」（570円）、「走る！電車型キーホルダー」（600円）などオリジナリティあふれるアイテムをライン

そうにゃん
つり革ラバーキーホルダー
しましま ver.

そうにゃん
フェイスマスク（2枚入り）

ゴムバンド
（そうにゃん／21000系）

そうにゃん ぬいぐるみ（中サイズ／全3種）

相鉄21000系 ハシ鉄

走る！電車型キーホルダー（各種）

アップする。

そのほか、「相鉄バス バスコレクション1012号車＆6001号車セット」（1,850円）やプルバックでとことこ走る「相鉄バス とことこぬいぐるみ」（800円）、子どもが手に取りやすいサイズのバス型おもちゃ「ドライブタウン（グループカラー・緑の2種類）」（各500円）などユニークなバスグッズにも要注目。

実物を手に取って楽しめるグッズショップも

こんな魅力たっぷりの相鉄グッズを取り揃えるのが「SOTETSU GOODS STORE」二俣川だ。二俣川駅構内にあるショップで、電車、バス、そうにゃんグッズなど、ひとつひとつ手に取って買い物を楽しめる。通勤・通学などのインターバルや相鉄線沿線散策の折に立ち寄ってみてはいかがだろうか。また、一部商品はそうてつローゼンでも入手できる。

相鉄バスグッズは「SOTETSU GOODS STORE」二俣川のほか、相鉄バスの一部営業所、さらに通販サイト「はとマルシェOnline」（https://hatomarche.com/shop/r/r400509/）では一部商品を取り扱っている。

これらのグッズは、相鉄公式ウェブサイト内の「相鉄ファン」でも紹介されているので、チェックしてみよう（https://www.dptetsu.co.jp/fan/goods/）。

※価格はいずれも2023年9月現在で、税込み。
　いずれも写真提供／相鉄グループ

バスコレクション1012号＆
6001号セット

■「SOTETSU GOODS STORE」二俣川

場所：二俣川駅構内（定期券売場横）	
営業時間：平日11〜20時／土休日10〜19時／毎週水曜日・年末年始休	
電話：045-364-8801	

■相鉄バスグッズ取扱い営業所

綾瀬営業所：綾瀬市小園847
旭営業所：横浜市旭区下川井町393
横浜営業所：横浜市保土ケ谷区峰沢町112-1

用語解説　そうにゃん

オフィシャルサイトのプロフィールによると、相鉄線沿線出身で、「広報担当」として2014年に入社した新種のネコ。相鉄をもっと知っていただき、好きになってもらえるネコ活動を行っている。また、相鉄のホームページでは「そうにゃんトレイン」の運転時刻を公開している。

懐かしの車両から最新鋭まで
相鉄電車の模型

相模鉄道は独自設計の車両が多かったこともあり、Nゲージ鉄道模型の完成品モデルにはなかなか恵まれなかった。しかし、マイクロエースを筆頭にTOMIX、ポポンデッタ、鉄道コレクションで製品化。旧6000系以降の車両はほぼ完成品で揃う、充実したラインアップになっている。

個性派電車から試験車まで

　私鉄車両のNゲージ完成品が多くなかった2003年に、相鉄のNゲージプラ完成品第1号となったのはマイクロエースの10000系だ。もっとも、実車同様にJR東日本のE231系のバリエーション製品的な位置づけだった。そして2005年には待望の新6000系を発売。相鉄らしさがあふれる若草色の模型はオールドファンから喝采を浴びた。その後は旧6000系（2008年）、8000系（2013年）、旧7000系（2015年）、9000系（2018年）と、続々とラインアップを充実。特に9000系はYOKOHAMA NAVYBLUEに一新された姿も旧塗装とともに製品化され、2023年現在の姿も楽しめる。

　このほか、2006年には電気機関車のED11＋ED12も重連セットとして発売。2012年に再生産されたうえ、角型テールライトに変更された晩年の仕様での製品化

マイクロエースは相鉄電車を豊富にラインアップしている。事業車モヤ700形のNゲージ模型は、相鉄ファンには欠かせない。写真提供／マイクロエース

YOKOHAMA NAVYBLUEの9000系も商品化されている。写真提供／マイクロエース

も予告されており、人気の高さがうかがえる。また、2015年の旧7000系と同時に事業用車のモヤ700形も発売されるなど、同社は相鉄のNゲージを楽しむには欠かせないメーカーと言えるだろう。

相互直通運転の主役も登場

相模鉄道のモデルは、TOMIXから2形式がラインアップされている。最初に発売されたのは11000系で、ベースとなったE233系を製品化しているTOMIXらしい顔ぶれといえる。さらにYOKOHAMA NAVYBLUEカラーで衝撃的なデビューを飾った12000系も模型化。複雑な前面形状も見事に再現されている。

模型販売店からメーカーに進出したポポンデッタでは、20000系を模型化した。12000系ともども相互直通運転でさまざまな駅に顔を出しており、実車さながらに他社の車両と並べて楽しみたいラインアップである。

鉄道コレクションでは、先進的なモノコックボディで登場した5000系を2018年に発売。個性的な車両を模型で楽しめる。また、7000系も20年に発売されている。

TOMIXの相鉄の模型の1つは、JR線直通12000系。基本セットは4両編成で、中間車6両セットと組むと、10両編成が可能となる。相模鉄道株式会社商品化許諾済　©TOMYTEC

用語解説

Nゲージ
［えぬげーじ］

鉄道模型の規格のひとつ。軌間9mmのレールが採用され、車両の縮尺は150分の1（新幹線は160分の1）となっている。軌間16.5mmの16番ゲージと比べ小型かつ安価で、レイアウトの製作がしやすいのが特徴。日本で最も普及している規格であり、製品も多岐にわたる。

相鉄のフリーペーパー

沿線内外の話題をコンパクトに特集

　相鉄が年4回（2023年現在）発行しているフリーペーパーが『相鉄瓦版』だ。相鉄線沿線の話題や施設、人物など幅広いジャンルを発行号ごとに特集、ていねいな取材をもとに読みごたえのある誌面づくりをしている。

　2023年7月発行の284号の特集は「相鉄線沿線変わりダネ農産物探訪記」。瀬谷のパッションフルーツなど3人の農家を訪ねて、その裏話や魅力などを紹介している。また、沿線のオススメ店や沿線地産地消レシピなどのお役立ちページや、相鉄の取り組みの紹介などのレギュラーページも充実。ポケットやハンドバッグに入る文庫本サイズながら、56ページ（284号）の大ボリュームで楽しめる。

　相鉄の各駅などで無料配布されているほか、相鉄公式サイト上では最新号だけでなく直近のバックナンバーのPDF版が公開されているので、チェックしてみてみよう。

　かつては『相鉄瓦版』の姉妹版的存在として、沿線の魅力や話題などを季節ごとに特集した『駅からさんぽ』も発行されていたが、こちらは2020年秋号をもって休刊になった。ただし、同じく相鉄公式サイト上でバックナンバーのPDF版（2013〜20年の各号）が公開されている。

『相鉄瓦版』は1976年3月に創刊した文庫本サイズの広報誌。毎月さまざまなテーマを特集し、2023年7月刊で284号を数える。
写真提供／相鉄ホールディングス

参考文献

相模鉄道・相鉄ホールディングス　発行
相鉄グループ100年史 1917-2017(2018年)、相鉄グループ要覧 2022-2023、同 2023-2024、
相鉄グループ公式ウェブサイト

一般刊行物等
私鉄の車両20　相模鉄道(飯島 巖・小山育男・井上広和／保育社／1986年)、
日本鉄道旅行地図帳4 関東2(新潮社／2008年)、
週刊歴史でめぐる鉄道全路線大手私鉄7　東京急行電鉄2・相模鉄道(朝日新聞出版／2010年)、
週刊私鉄全駅・全車両基地11　相模鉄道・京浜急行電鉄2(朝日新聞出版／2014年)、
相模鉄道完全データDVD BOOK(.メディアックス／2014年)、相鉄大全 相模鉄道のすべてがわかる!(辰巳出版／2020年)、
私鉄車両年鑑2023(イカロス出版／2023年)、私鉄車両編成表2023(ジェー・アール・アール編／交通新聞社／2023年)、
鉄道ファン誌 各号、鉄道ピクトリアル誌 各号、鉄道ジャーナル誌 各号　ほか

STAFF

編　　　　　集	林 要介(「旅と鉄道」編集部)
編　集　協　力	平賀尉哲
執　　　　　筆	平賀尉哲(第1章・第2章・第5章)、植村 誠(第3章・第6章)、松尾よしたか(第4章)
デザイン・図版作成	宗方健之輔・竹内真太郎・磯辺健一・新井良子・塩川丈思(スパロウ)
カ バ ー イ ラ スト	江口明男
地　図　作　成	ジェオ
写真・資料協力	相鉄グループ、児島眞雄、河野孝司、PIXTA
協　　　　　力	相鉄ホールディングス株式会社、相模鉄道株式会社、相鉄グループ各社

※本書の内容は2023年10月15日現在のものです。
※本書の内容等について、相鉄ホールディングス、相模鉄道、およびグループ各社へのお問い合わせはご遠慮ください。

鉄道まるわかり017
相鉄のすべて

2023年11月21日　初版第1刷発行

編　者	「旅と鉄道」編集部
発行人	藤岡 功
発　行	株式会社天夢人
	〒101-0051　東京都千代田区神田神保町1-105
	https://www.temjin-g.co.jp/
発　売	株式会社山と溪谷社
	〒101-0051　東京都千代田区神田神保町1-105
印刷・製本	シナノ パブリッシング プレス

写真提供／相鉄グループ

◎内容に関するお問合せ先
「旅と鉄道」編集部　info@temjin-g.co.jp　電話03-6837-4680
◎乱丁・落丁に関するお問合せ先
山と溪谷社カスタマーセンター
service@yamakei.co.jp
◎書店・取次様からのご注文先
山と溪谷社受注センター
電話048-458-3455　FAX048-421-0513
◎書店・取次様からのご注文以外のお問合せ先
eigyo@yamakei.co.jp